dtv

Er war einer der bedeutendsten deutschsprachigen Dichter im 20. Jahrhundert. Aber auch in Rilkes Briefen und Tagebüchern lässt sich seine außergewöhnliche, sensible Welterfahrung aufspüren. Sie erwuchs aus der Verbundenheit mit berühmten europäischen Zeitgenossen, aus der Pflege der Freundschaften mit Bewunderern und Gönnern und nicht zuletzt aus leidenschaftlichen Amouren. Dieses Buch lädt zu erstaunlichen und hilfreichen Entdeckungen ein über Menschliches, Allzumenschliches.

Rainer Maria Rilke wurde am 4. Dezember 1875 in Prag geboren. Bereits ab 1893 trat er mit Dichtungen an die Öffentlichkeit. Sein überwiegend von Mäzenen abhängiges Leben als freier Schriftsteller führte ihn u. a. nach St. Petersburg, Deutschland, Italien, Paris und in die Schweiz, wo er am 29. Dezember 1926 starb.

Der Herausgeber *Günter Stolzenberger* ist freier Publizist und lebt in Frankfurt am Main. Bei d̲t̲v̲ erschienen bereits viele seiner erfolgreichen Lyrik- und Prosaanthologien.

RAINER MARIA
RILKE

Es wartet eine Welt
Lebensweisheiten

Herausgegeben von
Günter Stolzenberger

Deutscher Taschenbuch Verlag

Von Rainer Maria Rilke
sind im Deutschen Taschenbuch Verlag erschienen:
Die Aufzeichnungen des Malte Laurids Brigge (2619)
Duineser Elegien (2634)
Dies Alles von mir (12837)

Ausführliche Informationen über
unsere Autoren und Bücher
finden Sie auf unserer Website
www.dtv.de

Originalausgabe 2013
Deutscher Taschenbuch Verlag GmbH & Co. KG,
München
© 2013 Deutscher Taschenbuch Verlag, München
Umschlagkonzept: Balk & Brumshagen
Umschlaggestaltung: Helena Schneider
Gesetzt aus der Helvetica 8,4/12,5´
Satz: Greiner & Reichel, Köln
Druck und Bindung: Druckerei C. H. Beck, Nördlingen
Gedruckt auf säurefreiem, chlorfrei gebleichtem Papier
Printed in Germany · ISBN 978-3-423-14245-8

INHALT

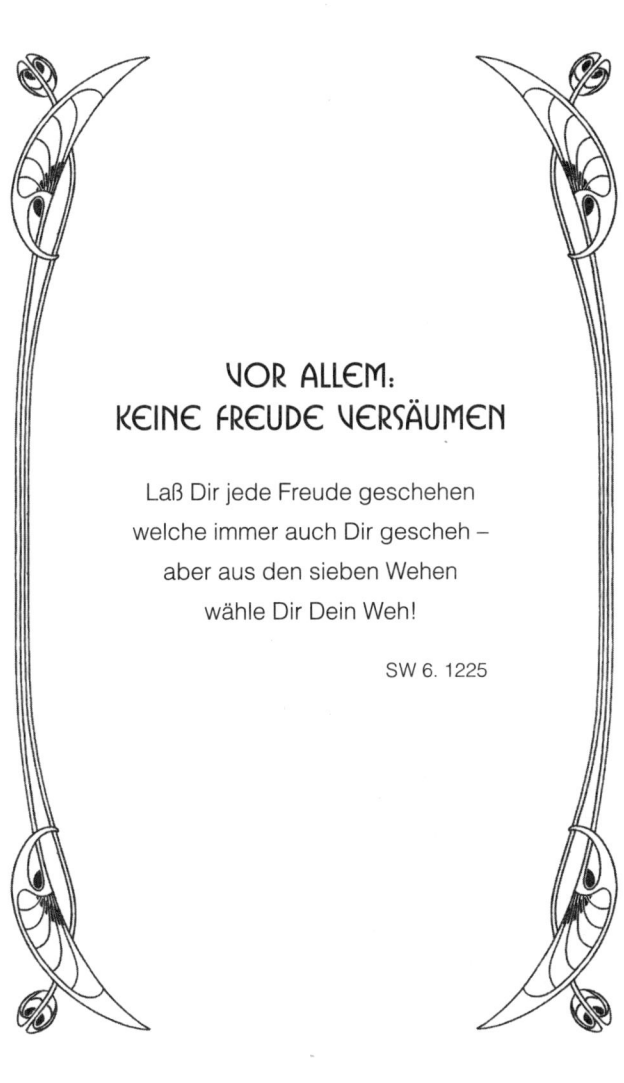

VOR ALLEM:
KEINE FREUDE VERSÄUMEN

Laß Dir jede Freude geschehen
welche immer auch Dir gescheh –
aber aus den sieben Wehen
wähle Dir Dein Weh!

SW 6. 1225

Sie müßten unbedingt Ferien einschieben, ein Aufatmen, eine wenn auch noch so kleine Sorglosigkeit zwischen den Nöten.

BRJ 41

Das Leben ist wunderbar in allen seinen Fügungen

BR 06–07. 70

... das Leben hat goldene Gassen

SW 3. 579

Mach Dirs weit darin. Rühr was Herrliches an.

BR 21–26. 82

Im Leben hat alles denselben Wert und ein Ding ist nicht schlechter als ein Wort oder ein Duft oder ein Traum.

SW 5. 442

Und ob dir auch Dein schönster Traum gefalle,
und alle Träume, die vorübergehn, –
das Leben, wenn wir es nur recht verstehn,
das Leben kommt und übertrifft sie alle.

SW 3. 756

Das Leben ist recht eigentlich gemacht, uns zu überraschen

BR 14–21. 352

... man muß manchmal einhalten und atemholen, so hebt
sich Woge um Woge aus diesem Meer des Erlebens ...

TuT 1. 109

Ich bin bei euch. Bei Brüdern oder Bäumen
ist man so ruhig, wie in eurem Kreis.
Ich kenne dies Getrostsein kaum aus Träumen:
dies ohne-Angst-sein etwas zu versäumen
und dies Genießen dessen, was man weiß.
Einfaches Sein, den Himmeln hingegeben,
wie Teiche, welche immer offen sind,
schöner erzählend, was die Lüfte leben,
und über allem Abgrund, ewig eben,
die Tage tragend und den Abendwind.

SW 3. 706

Ich will hier in dieser kleinen Hütte sitzen und barfuß am Wasser gehen und ins Meer hineinlaufen und Meer und Luft mit
meinem ganzen müden und durstigen Körper mit jeder Stelle
fühlen, der dieser Winter unrecht getan hat.

BR 02–06. 74

Damit ich glücklich wäre –

Das müßte sein von jenen blanken
Lenztagen einer, da die Kranken
man vor die dunklen Türen bringt.
Im Flieder ist ein Spatzenzanken,
weil keinem rechter Sang gelingt.
Der Bach, dem alle Bande sanken,
weiß nicht, was tun vor Glück, und springt
bis aufwärts zu den Bretterplanken,
dahinter Beete, kiesumringt,
und Blumenblühn und Birkenschwanken.
Und vor dem Häuschen, goldbezinkt,
um das der Frühling seine Ranken
wie liebeleise Arme schlingt, –
ein blondes Kind, das in Gedanken
das schönste meiner Lieder singt.

SW 1. 106

Oft auch, wie man im Gehen durch Sommerwiesen an ein niederes Blühen streift, das antwortet mit freiwerdendem Duft, gerät man an irgendeine unscheinbare Tröstlichkeit im Gemüt, die sich gleich wie aus zurückgehaltenen Überflüssen, mitteilt …

BRJ 36

Wenn es Ihnen möglich ist, kehren Sie mit einem Teile Ihres entwöhnten und erwachsenen Gefühls zu irgend einem Ihrer Kinder-Dinge zurück, mit dem Sie viel umgingen. Gedenken Sie, ob es irgend etwas gab, was Ihnen näher, vertrauter und nötiger war, als so ein Ding. Ob nicht alles – außer ihm – imstande war, Ihnen weh oder unrecht zu tun, Sie mit einem Schmerz zu erschrecken oder mit einer Ungewißheit zu verwirren? Wenn Güte unter Ihren ersten Erfahrungen war und Zutraun und Nichtalleinsein – verdanken Sie es nicht ihm? War es nicht ein Ding, mit dem Sie zuerst Ihr kleines Herz geteilt haben wie ein Stück Brot, das reichen mußte für zwei?

SW 5. 209

Mach, daß er seine Kindheit wieder weiß;
das Unbewußte und das Wunderbare
und seiner ahnungsvollen Anfangsjahre
unendlich dunkelreichen Sagenkreis.

SW 1. 350

Gott, wenn ich denke, wie flutets herüber über die Ränder der Kindheit –, und kann ich behaupten, daß meine Jugend je irgendwann zu Ende war?

BR 21–26. 47

Dies ist Jungsein: dieses gründliche Vertrauen zu den schönsten Überraschungen, diese Lust der täglichen Entdeckung …

BR 14–21. 113

Wer weiß denn was wir werden? Daß wir sind,
ist ein Gerücht an das wir wieder glauben
sooft wir fühlen: einmal war ich Kind.

SW 2. 209

Ach wie war ich in meiner Jugend Eines […] Wie konnte eine Freude, die mir ums Gesicht flog, mir auch gleich die heimlichste Seele umkreisen, empfand ich Morgenluft, so ging sie mir durch und durch, so war des Morgens Leichtheit und Beginnlichkeit in allen Stufungen meiner Natur; schmeckte ich dann und wann eine Frucht, ging sie mir auf auf der Zunge, so wars auch schon wie ein Wort des Geistes, das zergeht, die Erfahrung dessen, was in ihr unzerstörbar-gelungen war, ihr purer Genuß, stieg gleich hoch in allen sichtbaren und unsichtbaren Gefäßen meines Wesens.

Lou 339f.

Jetzt gilt es alles nachzuleben
was ungelebt blieb in der Zeit,
und alles Künftige zu heben
in eine warme Wirklichkeit,
und jeder Wurzel Grund zu geben
und jedem Stamm das Licht, darin
er steigen kann und aufwärtsstreben –
du weißt: wohin.

SW 3. 739

… nicht wahr? wie wunderbar, wie einzig, wie unvergleich-
lich ist ein Mensch!

BR 21–26. 83

… soviel fühlt jeder, daß das Leben auf Zuwachs zugeschnit-
ten ist, und daß man schon tüchtig zunehmen darf, eh man
es ganz ausfüllt.

BR 14–21. 19

Es ist köstliche schwarze Erde in uns und, unser Blut muß
nur so gehen wie der Pflug und Furchen machen. Dann geht,
während wir am Ernten sind, an einer anderen Stelle schon
wieder die Aussaat los – …

BR 06–07. 46

14

Ich wunder mich, wie alles kommt, zu seiner Zeit, und nicht zu zwingen, dann aber auch nicht abzuhalten ist.

Lou 264

Ich bin ja überzeugt, daß Geduld immer gut ist und daß nichts, was zu geschehen im tiefsten Sinne berechtigt ist, ungeschehen bleiben kann.

BR 14–21. 341

Längst hab ich mich ja gewöhnt, die gegebenen Dinge nach ihrer Intensität aufzufassen, ohne, soweit das menschlich leistbar ist, um die Dauer besorgt zu sein.

BR 14–21. 341

Es gibt unter uns solche, denen das Werden *geschieht*; sie können nichts dafür, sie müssen sitzen und warten und irgendwohin in den Morgen schauen, und wie die Birken sein, denen der Frühling wehe tut.

SW 5. 359

Wunderliches Wort: die Zeit vertreiben!
Sie zu *halten*, wäre das Problem.
Denn, wen ängstigts nicht: wo ist ein Bleiben,
wo ein endlich *Sein* in alledem?

SW 2. 123

Wir saßen beisammen, und ich vergaß gern alle Unrast um uns und ruhte mich aus in seinen stillen, klaren Augen. Täglich empfand ich, was ich schon beim ersten Kennenlernen fühlte. Das ist Einer, der sich reifen läßt. Er drängt nichts in sich, er überstürzt nichts, er hat immer ein Heute, das ihn ganz ausfüllt, und ein Morgen, das er erwarten kann. Seine Seele hat ein tiefes Atemholen. Sie grübelt nicht, wünscht nichts Weites, sie hat einfach Sommer, sie reift.

SW 5. 335

Und da ist mein Leben. Ein wenig als Sekretär Rodins, sehr verwerfliche französische Briefe schreibend, vor allem aber bei seinen erwachsenen Dingen und in seiner großen heiteren Freundschaft dieses lernend, langsam lernend: leben, Geduld haben, arbeiten und keinen Anlaß zur Freude versäumen.

BR 02–06. 283f.

Und da bekenne ich denn,[...] daß ich das Leben für ein Ding von der unantastbarsten Köstlichkeit halte, ...

BR 14–21. 203

Ach, wir rechnen die Jahre und machen Abschnitte da und dort und hören auf und fangen an und zögern zwischen beidem. Aber wie sehr ist, was uns begegnet, aus einem Stück, in welcher Verwandtschaft steht eines zum andern, hat sich geboren und wächst heran und wird erzogen zu sich selbst, und wir haben im Grunde nur dazusein, aber schlicht, aber inständig, wie die Erde da ist, den Jahreszeiten zustimmend, hell und dunkel und ganz im Raum ...

BR 06–07. 395

Ich glaube an das Alter, lieber Freund. Arbeiten und Altwerden, das ist es, was das Leben von uns erwartet. Und dann eines Tages *alt sein* und noch lange nicht alles verstehen, nein, aber anfangen, aber lieben, aber ahnen, aber zusammenhängen mit Fernem und Unsagbarem, bis in die Sterne hinein.

BR 02–06. 284

Ich denke es mir gut, alt zu sein.

SW 6. 721

... das wollte ich Ihnen noch sagen, teurer Mensch: ich liebe
das Leben, und ich glaube daran!

BR 92–04. 338

Wir sollen nicht wissen,
warum dies und jenes uns meistert;
wirkliches Leben ist stumm
Nur, daß es uns begeistert,

macht uns mit ihm vertraut

SW 2. 486

Und wenn du eins gewahrst, das dir entgangen,
sei froh, es ganz von vorne anzufangen.

SW 2. 63

DIE WEISHEIT DER SINNE

Ich habe auf einmal so viele Sinne,
die alle anders durstig sind.

SW 1. 267

Freue dich der ungezählten Sinne,
welche das Geschehn auf dich beziehn,
täglich hast du neue Anbeginne,
immer suchen neue Melodien
das Gemeinsame in deinen Saiten
mit dem Unverwandten zu begleiten,
das dir gar nicht mehr dein Eigen schien.
Inniger wird dir die Welt gegeben,
die sich nichtmehr aus dir lösen kann,
sanfter schmiegt sich das verliebte Leben
deinen wachsenden Gebärden an.
Deine Einsamfreuden läuten reiner
in den Festen, die du dir erhöhst,
und dein Leid wird immer allgemeiner,
von dem kleinen Anlaß losgelöst.
Und du lernst, in Ebenen zu wohnen,
weil du dort den Himmel größer siehst
und weil dort der Strom beruhigt fließt
zu den Andern, zu den Millionen.
Ohne Berge wird die Erde weit,
allen Wegen siehst du auf den Grund.
Immer größer wird ein Haus, ein Hund
welcher langsam sich von dir entfernt.
Wer die Dinge um sich kennen lernt,
muß sie einmal vor dem Himmel sehn
wo sie wichtig und verlassen stehn,
niemandem gehören, den
du kränken könntest ….

SW 3. 746f.

... es ist viel Schönheit hier, weil überall viel Schönheit ist.

SCH 528

Man weiß, wie schlecht man Dinge sieht, unter denen man lebt, und daß oft erst einer kommen muß von fern, um uns zu sagen was uns umgibt.

SW 5. 521

... die meisten Menschen [wissen] gar nicht, wie schön die Welt ist und wie viel Pracht in den kleinsten Dingen, in irgendeiner Blume, einem Stein, einer Baumrinde oder einem Birkenblatt sich offenbart. Die erwachsenen Menschen, die Geschäfte und Sorgen haben und sich mit lauter Kleinigkeiten quälen, verlieren allmählich ganz den Blick für diese Reichtümer, welche die Kinder, wenn sie aufmerksam und gut sind, bald bemerken und mit dem ganzen Herzen lieben. Und doch wäre es das Schönste, wenn alle Menschen in dieser Beziehung immer wie aufmerksame und gute Kinder bleiben wollten, einfältig und fromm im Gefühl, und wenn sie die Fähigkeit nicht verlieren würden, sich an einem Birkenblatt oder an der Feder eines Pfauen oder an der Schwinge einer Nebelkrähe so innig zu freuen wie an einem großen Gebirge oder einem prächtigen Palast. Das Kleine ist ebenso wenig klein, als das Große – groß ist. Es geht eine große und ewige Schönheit durch die ganze Welt, und diese ist gerecht über den kleinen und großen Dingen verstreut; denn es gibt im Wichtigen und Wesentlichen keine Ungerechtigkeit auf der ganzen Erde.

Br 92–04. 178

...es müßte nur unser Auge eine Spur schauender, unser Ohr empfangender sein, der Geschmack einer Frucht müßte uns vollständiger eingehen, wir müßten mehr Geruch aushalten und im Berühren und Angerührtsein geistesgegenwärtiger und weniger vergeßlich sein –: um sofort aus unseren nächsten Erfahrungen Tröstungen aufzunehmen, die überzeugender wären, die überzeugender, überwiegender, wahrer wären als alles Leid, das uns je erschüttern kann.

TuT 1. 436

Die Erde *schenkt*.

SW 1. 738

... wir empfangen viele von unsern Reichtümern erst, wenn sie uns, getragen von einer anderen Stimme, entgegenkommen ...

BR 92–04. 133f.

Die Fenster waren weitoffen, es kam eine Menge Morgen herein und, ganz allein auf dem Tischtuch der breiten Familientafel, spielte das Silber des Samowars mit der unsichtbaren schwebenden Heiterkeit.

SW 6. 973

Die Nachmittage sind jetzt oft schön und so ein wenig verhüllt und verhalten; und dann hat es so eine sanfte Art, Abend zu werden. Man könnte sagen, es gibt einen Augenblick, wo die Stunden aufhören zu gehen, man fühlt ihren Schritt nicht mehr, sie besteigen irgendein Tier, das sie auf seinem breiten Rücken weiterträgt. So ruhig halten sie sich, und nur unter ihnen ist etwas Großes, Dunkles, das geht, vergeht, das sie mitnimmt.

BR 02–06. 47f.

In späteren Jahren geschah es mir zuweilen nachts, daß ich aufwachte, und die Sterne standen so wirklich da und gingen so bedeutend vor, und ich konnte nicht begreifen, wie man es über sich brachte, so viel Welt zu versäumen. So ähnlich war mir, glaub ich, zumut, sooft ich von den Büchern aufsah und hinaus, wo der Sommer war, wo Abelone rief.

SW 6. 894

Kindheit

Da rinnt der Schule lange Angst und Zeit
mit Warten hin, mit lauter dumpfen Dingen.
O Einsamkeit, o schweres Zeitverbringen ...
Und dann hinaus: die Straßen sprühn und klingen
und auf den Plätzen die Fontänen springen
und in den Gärten wird die Welt so weit –.
Und durch das alles gehn im kleinen Kleid,
ganz anders als die andern gehn und gingen –:
O wunderliche Zeit, o Zeitverbringen,
o Einsamkeit.

SW 1. 324

Die Jahreszeiten traten bei ihm ein, vorsichtig erst, denn sie
waren nicht mehr gewohnt, ein Herz so offen zu finden. Aber
bald halten sich die Frühlinge nicht zurück in seinem seli-
gen Klima und wachsen zu dichten Sommern an und lassen
nichts draußen, und breiten sich aus auf der Insel dieses Herzens; sie führen auf ihr die kleinen Kräuter ein und die vollen
Blumen, die Obstbäume und die willigen Gemüse, Salbei und
Minze und Melisse und alle die Minoriten des niederen Blü-
hens. Uralte Pflanzen: den duftenden Kerbel, Eppich, Quen-
del und Lattich, Borretsch und Thymian, Epheu, Vinca und
Klee. Und das mutige Herz hält sich immer noch offen und
nimmt Rosen und Rosen herein, die seltenen Arten und ihren

reichen Geruch; Myrthe und Granatapfel haben Raum, Klematis, Orange und Lorbeer, Safran und Bisamzitrone und der scharfe japanische Kampferbaum: dieses Herz ist südlich genug. Schmetterlinge werden mit hineingerissen, und die Vögel bringen den Himmel mit und der Himmel die Sonne.

Und nun begreift man, daß aus diesem Innern Lieder kommen müssen, Tag und Nacht; denn in ein Herz verpflanzt, hat das alles Stimme bekommen und redet untereinander und flüstert und ruft hinaus. Aber mit seiner Wortwerdung verliert es zugleich die einseitige Seligkeit des bloßen Seins. Draußen ist Werden und Anwachsen und Vergehen gleich gut; in einem Herzen aber wird es von selbst Glück und Sorge.

TuT 2. 892f.

Frühling ist wiedergekommen. Die Erde
ist wie ein Kind, das Gedichte weiß;

SW 1. 744

Vorfrühling

Härte schwand. Auf einmal legt sich Schonung
an der Wiesen aufgedecktes Grau.
Kleine Wasser ändern die Betonung.
Zärtlichkeiten, ungenau,

greifen nach der Erde aus dem Raum.
Wege gehen weit ins Land und zeigens.
Unvermutet siehst du seines Steigens
Ausdruck in dem leeren Baum.

SW 2. 158

... und neulich in Zürich, im *Baur au Lac*, sah ich aus den
mit Tannenzweigen zugedeckten Beeten die großen Stiefmüt-
terchen ganz ausgeruht und aufgewacht hervordrängen, wie
Kinder, die ausgeschlafen haben und durchaus nicht mehr
im Bett bleiben wollen.

TuT 2. 638

Wie sehnt man sich danach, davon Teil zu sein; nur einmal
wieder in sich die Hand zu fühlen, die die Lerchen so hoch in
den Himmel wirft.

Lou 204

Ach wers verstünde zu blühn: dem wär das Herz über alle
schwachen Gefahren hinaus und in der großen getrost.

SW 2. 43

... – die Sonne hat schon Wärme und Sicherheit im Auftreten; im Garten sah ich den ersten Citronenfalter, er charmierte um eine alte verholzte Levkoje, die ihn schmachten ließ (*et pour raison* –), und sah so neu uniformiert aus, es war eine Freude. Ich bemühte mich, ihm in die Augen zu sehen, sie waren kolossal, aber ich kam in ihrer Welt leider nicht vor. Möchte er schon einige Honigküchen offen finden!

TuT 1. 123f.

Will dir den Frühling zeigen,
der hundert Wunder hat.
Der Frühling ist waldeigen
und kommt nicht in die Stadt.

Nur die weit aus den kalten
Gassen zu zweien gehen
und sich bei den Händen halten –
dürfen ihn einmal sehn.

SW 1. 126

... manchmal in der Nacht wache ich davon auf, daß es ruft, irgendwo unten im Tal ruft, anruft aus ganzer Seele. Jene süße steigende Stimme, die nicht aufhört zu steigen; die wie ein ganzes in Stimme verwandeltes Wesen ist, dessen alles: dessen Gestalt und Gebärde, dessen Hände und Gesicht

Stimme geworden ist, nächtliche, große beschwörende Stimme. [...] Und gestern fand ich sie alle, die Nachtigallen, und ging in einem lauen, überdeckten Nachtwind an ihnen vorbei, nein, mittendurch sie durch, wie durch ein Gedränge von singenden Engeln, das sich gerade nur teilte, um mich durchzulassen, und vor mir zu war und sich hinter mir wieder zusammenschloß.

BR 02–06. 319f.

Weißt du was Schmerzen macht: daß reifer
an allen Zweigen deines Leibes
die Sinne hängen voller Süße.

SW 3. 731

Ich bins, Nachtigall, ich, den du singst,
hier, mir im Herzen, wird diese Stimme Gewalt,
nicht länger vermeidlich

SW 2. 61

Und was ist man, solang man aufsteht, und ein Wind draußen, ein Glanz, ein Stück aus Vogelstimmen in der Luft, kann einen nehmen und mit einem tun, was es will?

BR 06–07. 199

Durch alle Wesen reicht der *eine* Raum:
Weltinnenraum. Die Vögel fliegen still
durch uns hindurch. O, der ich wachsen will,
ich seh hinaus, und *in* mir wächst der Baum.

SW 2. 93

Kundiger böge die Zweige der Weiden,
wer die Wurzeln der Weiden erfuhr.

SW 1. 734

Wenn die Wurzel auch nicht von den Früchten weiß, sie nährt
sie doch.

SW 5. 425

Man muß jeden Augenblick die Hand auf die Erde legen können wie der erste Mensch.

BR 06–07. 398

Es muß dies eine von jenen Tagesfrühen gewesen sein, wie
es solche im Juli gibt, neue, ausgeruhte Stunden, in denen
überall etwas frohes Unüberlegtes geschieht. Aus Millionen
kleinen ununterdrückbaren Bewegungen setzt sich ein Mo-
saik überzeugtesten Daseins zusammen; die Dinge schwin-

gen ineinander hinüber und hinaus in die Luft, und ihre Kühle macht den Schatten klar und die Sonne zu einem leichten, geistigen Schein. Da gibt es im Garten keine Hauptsache; alles ist überall, und man müßte in allem sein, um nichts zu versäumen.

SW 6. 895

Die Abende sind warm und zart,
und ihre sanfte Gegenwart
macht alle Dinge gut;
ein jedes neigt sein Haupt und lauscht,
und in den stillen Dingen rauscht
die Schweigsamkeit wie Blut.
In diesen leisen Stunden wird
machtlos und müd die Zeit:
die Dinge rühren sich, befreit,
und jedes wandert unbeirrt
zu seiner Ewigkeit.

SW 3. 679

In Oberneuland ließ ich mir neulich berichten von einer grünen Libelle, die sich aus ihrer Larve auszog. Meine Frau und die Kleine hatten das Blatt mit im Boot, sie konnten alles sehen, jede Bewegung, das neue Wesen war ohne Scham in seinem guten Gewissen: Augen gab es nicht für es, wie es so vorsichtig ausbrach ins Licht hinein, in den ersten Sommertag: nur Welt.

TuT 1. 24

Und draußen war ein Tag aus Blau und Grün
mit einem Ruf von Rot an hellen Stellen.
Der Teich entfernte sich mit kleinen Wellen,
und mit dem Winde kam ein fernes Blühn
und sang von Gärten draußen vor der Stadt.

Es war, als ob die Dinge sich bekränzten,
sie standen licht, unendlich leicht besonnt;
ein Fühlen war in jeder Häuserfront,
und viele Fenster gingen auf und glänzten.

SW 1. 388

Am schönsten wars, wenn ein Glasfenster vor uns war, eines von diesen alten Bilderfenstern, mit vielen Abteilungen, jede ganz angefüllt mit Figuren, großen Menschen und kleinen Türmen und allen möglichen Ereignissen. Nichts ist dafür zu fremd gewesen, da sieht man Burgen und Schlachten und eine Jagd, und der schöne weiße Hirsch kommt immer wieder vor im heißen Rot und im brennenden Blau. Ich habe einmal ganz alten Wein zu trinken bekommen. So ist das für die Augen, diese Fenster, nur daß der Wein nur dunkelrot war

im Mund, – dieses hier aber ist dasselbe auch noch in Blau
und in Violett und in Grün.

SW 6. 1120

Ich fürchte mich so vor der Menschen Wort.
Sie sprechen alles so deutlich aus:
Und dieses heißt Hund und jenes heißt Haus,
und hier ist Beginn und das Ende ist dort.

Mich bangt auch ihr Sinn, ihr Spiel mit dem Spott,
sie wissen alles, was wird und war;
kein Berg ist ihnen mehr wunderbar;
ihr Garten und Gut grenzt grade an Gott.

Ich will immer warnen und wehren: Bleibt fern.
Die Dinge singen hör ich so gern.
Ihr rührt sie an: sie sind starr und stumm.
Ihr bring mir alle die Dinge um.

SW 1. 195

Noch für unsere Großeltern war ein »Haus«, ein »Brunnen«,
ein ihnen vertrauter Turm, ja ihr eigenes Kleid, ihr Mantel: unendlich mehr, unendlich vertraulicher; fast jedes Ding ein Ge-
fäß, in dem sie Menschliches vorfanden und Menschliches
hinzusparten. Nun drängen, von Amerika her, leere gleichgül-

tige Dinge herüber, Schein-Dinge, *Lebens*-Attrappen [...] Die belebten, die erlebten, die uns mitwissenden Dinge gehen zur Neige und können nicht mehr ersetzt werden. *Wir sind vielleicht die Letzten, die noch solche Dinge gekannt haben.*
BR 21–26. 335f.

Hast Du noch nie bemerkt, wie verachtete, geringe Dinge sich erholen, wenn sie in die bereiten zärtlichen Hände eines Einsamen geraten?
BT 242

Das Karussell
Jardin du Luxembourg

Mit einem Dach und seinem Schatten dreht
sich eine kleine Weile der Bestand
von bunten Pferden, alle aus dem Land,
das lange zögert, eh es untergeht.
Zwar manche sind an Wagen angespannt,
doch alle haben Mut in ihren Mienen;
ein böser roter Löwe geht mit ihnen
und dann und wann ein weißer Elefant.

Sogar ein Hirsch ist da, ganz wie im Wald,
nur daß er einen Sattel trägt und drüber
ein kleines blaues Mädchen aufgeschnallt.

Und auf dem Löwen reitet weiß ein Junge
und hält sich mit der kleinen heißen Hand,
dieweil der Löwe Zähne zeigt und Zunge.

Und dann und wann ein weißer Elefant.

Und auf den Pferden kommen sie vorüber,
auch Mädchen, helle, diesem Pferdesprunge
fast schon entwachsen; mitten in dem Schwunge
schauen sie auf, irgendwohin, herüber –

Und dann und wann ein weißer Elefant.

Und das geht hin und eilt sich, daß es endet,
und kreist und dreht sich nur und hat kein Ziel.
Ein Rot, ein Grün, ein Grau, vorbeigesendet,
ein kleines kaum begonnenes Profil –.
Und manchmal ein Lächeln, hergewendet,
ein seliges, das blendet und verschwendet
an dieses atemlose blinde Spiel …

SW 1. 530f.

Dann aber will ich, wenn ich vieles weiß,
einfach die Tiere anschaun, daß ein Etwas
von ihrer Wendung mir in die Gelenke
herübergleitet; will ein kurzes Dasein
in ihren Augen haben, die mich halten
und langsam lassen, ruhig, ohne Urteil.
Ich will mir von den Gärten viele Blumen
hersagen lassen, daß ich in den Scherben
der schönen Eigennamen einen Rest
herüberbringe von den hundert Düften.
Und Früchte will ich kaufen, Früchte, drin
das Land noch einmal ist, bis an den Himmel.

SW 1. 649

Sie müßten diese Rose sehn können einen Augenblick. Erinnern Sie sich noch? Sie ist wenig verändert. Ich möchte
sie Ihnen beschreiben können, und vielleicht kann ich es eines Tages. Sie ist, nur so viel kann ich aussprechen vorder-
hand, endgültiger geworden, innerlicher, zurückgezogener.
Ihre Fülle ist nicht eingefallen, aber es ist, als wäre sie nicht
mehr von sich selber voll, sondern, gleich einer ägyptischen
Königin, ausgefüllt mit köstlichen und seltenen Spezereien,
mit fremdem Duft, so daß sie nicht selber mehr duften muß.

BR 06–07. 129

Der Duft

Wer bist, du, Unbegreiflicher; du Geist,
wie weißt du mich von wo und wann zu finden,
der du das Innere (wie ein Erblinden)
so innig machst, daß es sich schließt und kreist.
Der Liebende, der eine an sich reißt,
hat sie nicht nah; nur du allein bist Nähe.
Wen hast du nicht durchtränkt als ob du jähe
die Farbe seiner Augen seist.

Ach, wer Musik in einem Spiegel sähe,
der sähe dich und wüßte, wie du heißt.
SW 2. 29

Mit Wiesenblumen ist es manchmal so: man hat sie eilig ge-
pflückt, ohne hinzusehen eine zur andern getan und es konnte, wenn man es genau nimmt, nichts dabei entstehen als ein
Tumult. Aber auf einmal zögert man, hält den Strauß in die Luft
und staunt, was das für ein Einklang ist: die Übergänge sind
sanft abgestimmt und die Kontraste klingen rein aneinander.
SW 5. 75

... die Blumen sollen wohnen, ich will aus meiner Ecke zusehen.
TuT 1. 160

... Wie vor sich selbst
erschreckt, durchzuckts die Luft, wie wenn ein Sprung
durch eine Tasse geht. So reißt die Spur
der Fledermaus durchs Porzellan des Abends.

SW 1. 716

Ich will Ihnen heute nur sagen, wie schön es hier ist: wie
bewegt und weit diese Tage sind, Herbsttage, wie man
zugeben muß; aber die Augenblicke zwischen den vollen
Bäumen sind tief und strahlend, die Wolken sind am Horizont
zu großen Formen aufgebaut, und schaut man auf, so sieht
man eine Pappel flimmern vor blauer Luft. Der Tag ist schon
geteilt für das Gefühl, wie eine zweifarbige Fahne, in kühl und
warm. Sonne ist eines und Schatten ist ein anderes, und sie
scheinen nichts mehr miteinander zu tun zu haben. Nur unten
im Gärtnergarten ist es noch anders. Da ist noch Sommer
vom Morgen bis zum Abend. Da steigt es noch in den Sten-
geln und Stämmen, und da wächst es noch getrost weiter.
Da wärmt eines das andere, und es liegt eine altmodische
Decke von Duft über den Astern und Levkojen und »Wunder-
blumen«, die dicht nebeneinander stehen, Farbe an Farbe
haltend, voller Einfalt und Freude.

BR 06–07. 80f.

Heute war ein schöner, herbstlicher Morgen. Ich ging durch die Tuilerien. Alles, was gegen Osten lag, vor der Sonne, blendete. Das Angeschienene war vom Nebel verhangen wie von einem lichtgrauen Vorhang; Grau im Grauen sonnten sich die Statuen in den noch nicht enthüllten Gärten. Einzelne Blumen in den langen Beeten standen auf und sagten: Rot, mit einer erschrockenen Stimme.

SW 6. 722

Wagt zu sagen, was ihr Apfel nennt.
Diese Süße, die sich erst verdichtet,
um, im Schmecken leise aufgerichtet,

klar zu werden, wach und transparent,
doppeldeutig, sonnig, erdig, hiesig –:
O Erfahrung, Fühlung, Freude –, riesig!

SW 1. 739

... ich will den Herbst! Ist es nicht, als wäre er das eigentlich Schaffende, schaffender, denn der Frühling, der schon gleich ist, schaffender, wenn er kommt mit seinem Willen zur Verwandlung und das viel zu fertige, viel zu befriedigte, schließlich fast bürgerlich-behagliche Bild des Sommers zerstört? Dieser große herrliche Wind, der Himmel auf Himmel baut; in sein Land möchte ich gehen und auf seinen Wegen ...

BR 02–06. 212

Herbsttag

Herr: es ist Zeit. Der Sommer war sehr groß.
Leg deinen Schatten auf die Sonnenuhren,
und auf den Fluren laß die Winde los.

Befiehl den letzten Früchten voll zu sein;
gib ihnen noch zwei südlichere Tage,
dränge sie zur Vollendung hin und jage
die letzte Süße in den schweren Wein.

Wer jetzt kein Haus hat, baut sich keines mehr.
Wer jetzt allein ist, wird es lange bleiben,
wird wachen, lesen, lange Briefe schreiben
und wird in den Alleeen hin und her
unruhig wandern, wenn die Blätter treiben.

SW 1. 398

Draußen geht ein Gewitter um, das bringt mich aus den Gedanken, die Natur hat es gut, sie schwenkt sich und schüttert sich immer wieder ins Rechte.

TuT 1. 45

... ein jedes fallende Blatt erfüllt, indem es fällt, eines der größten Gesetze des Weltalls. Diese Gesetzmäßigkeit, die niemals zögert und sich in jedem Augenblicke ruhig und gelassen vollzieht, macht die Natur zu einem solchen Ereignis für junge Menschen. Gerade das suchen sie, und wenn sie in ihrer Ratlosigkeit nach einem Meister verlangen, so meinen sie nicht jemanden, der fortwährend in ihre Entwicklung eingreift und durch ein Rütteln die geheimnisvollen Stunden stört, in denen die Kristallbildung ihrer Seele geschieht; sie wollen ein Beispiel. Sie wollen ein Leben sehen, neben sich, über sich, um sich, ein Leben das lebt, ohne sich um sie zu kümmern.

SW 5. 25f.

Herbst

Tage aus versonnter Seide,
und der Herbst hat keinen Haß.
Irgendwem winkt eine Weide,
und die Astern werden blaß.

Alles Land ist leis und leer.
Nur Gestalten im entfernten
Feld; die letzten ernsten Ernten
kennen keine Lieder mehr.

SW 3. 581

»Sich mit einem Buch, mit einem Bild, mit einem Lied ein-
schließen, zwei bis drei Tage, seine Lebensgewohnheiten
kennen lernen und seinen Seltsamkeiten nachgehen, Vertrauen zu ihm fassen, seinen Glauben verdienen und irgendwas mit ihm zusammen erleben: ein Leid, einen Traum, eine
Sehnsucht ...«

Lou 30

Advent

Es treibt der Wind im Winterwalde
die Flockenherde wie ein Hirt,
und manche Tanne ahnt, wie balde
sie fromm und lichterheilig wird;
und lauscht hinaus. Den weißen Wegen
streckt sie die Zweige hin – bereit,
und wehrt dem Wind und wächst entgegen
der einen Nacht der Herrlichkeit.

SW 1. 101

... nun weiß ich eigentlich erst, was Winter ist und Winterfreude. Und denke, die müßtest Du einmal haben, diese wirkliche Winterfroheit, weiß in weiß und leise und frisch. Oder wir beide müßten sie zusammen haben, hier in diesem lieben nordischen Land oder in Rußland einmal. Müßten in so einem kleinen, ganz eingepelzten Schlitten sitzen, wie der ist, in dem ich heute mit Frau Lizzi ausgefahren bin. Nur zwei Menschen in diesem kleinen gleitenden Sitz und vor uns eines von den hohen Pferden mit einem dreiglockigen Spiel auf dem Geschirr [...]

Und ringsum weißes, weißes Land, auf und ab und wieder in die Höhe und in die Ferne, schattiges und strahlendes Weiß in verschieden geneigten Flächen bis an den dunklen nahen Wald und wieder weiter bis an die fernen, graublauen Waldhügel, hinter denen ein frühzeitiger, gelbgrüner Sonnenuntergang sich abspielt an einer Stelle, wo das dichte Grau kommenden Schnees zerrissen ist. Und da und dort in den Himmeln sind noch solche aufgetane Stellen. Und es ist Blau dahinter, graues dünnes Blau, oder aber ein helles glasiges Grün, in dem das Rosa einer Wolke sich langsam in Weiß verwandelt.

BR 02–06. 231

Wir hatten einen anderen Begriff vom Wunderbaren. Wir fanden, wenn alles mit natürlichen Dingen zuginge, so wäre das immer am wunderbarsten.

SW 6. 799

Wieviel Ewiges ist schon durch Stunden gegangen: aufrecht, unbeschränkt, in seiner ganzen Größe.

BR 06–07. 90

Und mit kleinen Schritten gehen die Uhren
neben unserm eigentlichen Tag.

SW 1. 738

Und doch Du weißt: wir können also so
am Abend zugehn wie die Anemonen,
die Tiefe eines Tages in sich schließend,
und, etwas größer, morgens wieder aufgehn.
Und das zu tun ist uns nicht nur erlaubt,
das ist es, was wir *sollen: zugehn lernen
über Unendlichem.*

SW 2. 206

Mit einer fast somnambulen Sicherheit greift die Natur nach dem, was sie braucht und sie findet es immer unter hundert Dingen heraus.

SW 5. 77

Und vor der Natur gibt es kein Urteil; sie hat immer recht.

SW 5. 41

Was bedeutet es, daß wir die äußerste Oberfläche der Erde
verändern, daß wir ihre Wälder und Wiesen ordnen und aus
ihrer Rinde Kohlen und Metalle holen, daß wir die Früchte der
Bäume empfangen, als ob sie für uns bestimmt wären, wenn
wir uns daneben einer einzigen Stunde erinnern, in welcher
die Natur handelte über uns, über unser Hoffen, über unser
Leben hinweg, mit jener erhabenen Hoheit und Gleichgültig-
keit, von der alle ihre Gebärden erfüllt sind. Sie weiß nichts
von uns. Und was die Menschen auch erreicht haben mögen,
es war noch keiner so groß, daß sie teilgenommen hätte an
seinem Schmerz, daß sie eingestimmt hätte in seine Freude.

SW 5. 12

Ein Mensch und eine häßliche Landschaft: immer hat der
Mensch die Schuld.

BT 242

Da ist ein Stern, der hängt nur noch an einem Faden, jede
Nacht geh ich hin und halt ihn

SW 6. 1030

Denn die Schönheit ist das Primäre, das Natürliche.
Alles, was wird, wird schön. Man darf es nur nicht stören.

SW 5. 443

Mach mich zum Wächter deiner Weiten,
mach mich zum Horchenden am Stein,
gib mir die Augen auszubreiten
auf deiner Meere Einsamsein;
laß mich der Flüsse Gang begleiten
aus dem Geschrei zu beiden Seiten
weit in den Klang der Nacht hinein.

Schick mich in deine leeren Länder,
durch die die weiten Winde gehn,
wo große Klöster wie Gewänder
um ungelebte Leben stehn.
Dort will ich mich zu Pilgern halten,
von ihren Stimmen und Gestalten
durch keinen Trug mehr abgetrennt,
und hinter einem blinden Alten
des Weges gehn, den keiner kennt.

SW 1. 344f.

SIEH DIR DIE LIEBENDEN AN!

Geliebtsein heißt aufbrennen.

Lieben ist: Leuchten mit unerschöpflichem Öle.

Geliebtwerden ist vergehen, Lieben ist dauern.

SW 6. 937

Sehnt es dich aber, so singe die Liebenden; lange
noch nicht unsterblich genug ist ihr berühmtes Gefühl.

SW 1. 686

Lieben

I

Und wie mag die Liebe dir kommen sein?
Kam sie wie ein Sonnen, ein Blütenschein,
kam sie wie ein Beten? – Erzähle:

Ein Glück löste leuchtend aus Himmeln sich los
und hing mit gefalteten Schwingen groß
an meiner blühenden Seele…

II

Das war der Tag der weißen Chrysanthemen, –
mir bangte fast vor seiner schweren Pracht…
Und dann, dann kamst du mir die Seele nehmen
tief in der Nacht.

Mir war so bang, und du kamst lieb und leise, –
ich hatte grad im Traum an dich gedacht.
Du kamst, und leis wie eine Märchenweise
erklang die Nacht…

SW 1. 88

... dies ist das Wunder, das an den wirklich Liebenden jedesmal geschieht: je mehr sie geben, je mehr besitzen sie von jener köstlichen, nährenden Liebe, aus der Blumen und Kinder ihre Kraft haben und die allen Menschen helfen könnte, wenn sie sie nehmen wollten, ohne zu zweifeln ...

BR 06–07. 333

Reiche, Du, Träume gibst Du meiner Nacht, Lieder meinem Morgen, Ziele meinem Tag und Sonnenwünsche meinem roten Abend.

Lou 20

Dank für alles, was Du auf so treue Art mit mir teilst; mir ist, als reichtest Du mir von allem die größere Hälfte.

BR 06–07. 228

Dieses ist das erste Vorgefühl von Ewigem: Zeit haben zur Liebe.

BT 242

Immer wieder, ob wir der Liebe Landschaft auch kennen
und den kleinen Kirchhof mit seinen klagenden Namen
und die furchtbar verschweigende Schlucht, in welcher
                                    die andern
enden: immer wieder gehn wir zu zweien hinaus
unter die alten Bäume, lagern uns immer wieder
zwischen die Blumen, gegenüber dem Himmel.
SW 2. 95

Neue Blumen riefest du aus meiner
jungen Erde, die sich dir ergab,
niemals öffneten sich Kelche reiner
als geweckt von deinem Zauberstab.
SW 2. 289

Jede Türe
in mir gibt nach ...
SW 1. 198

Siehe, wir lieben nicht, wie die Blumen aus einem
einzigen Jahr; uns steigt, wo wir lieben,
unvordenklicher Saft in die Arme.
SW 1. 696

Die große Lust hat auch nach dir Verlangen ...

SW 1. 277

... und wenn zwei Menschen beide sich selbst aufgeben, um
zueinander zu treten, so ist kein Boden mehr unter ihnen und
ihr Beisammensein ist ein fortwährendes Fallen.

BR 92–04. 446

                                        Ich weiß,
ihr berührt euch so selig, weil die Liebkosung verhält,
weil die Stelle nicht schwindet, die ihr, Zärtliche,
zudeckt; weil ihr darunter das reine
Dauern verspürt. So versprecht ihr euch Ewigkeit fast
von der Umarmung. Und doch, wenn ihr der ersten
Blicke Schrecken besteht und die Sehnsucht am Fenster,
und den ersten gemeinsamen Gang, *ein* Mal durch
                                        den Garten:
Liebende, *seid* ihrs dann noch? Wenn ihr einer dem andern
euch an den Mund hebt und ansetzt –: Getränk an Getränk.

SW 1. 691

Wie hinter hundert Türen ist dieser große Schlaf, den zwei
Menschen gemeinsam haben ...

SW 1. 246

Und wenn sie schlafen, sind sie wie an alles
zurückgegeben was sie leise leiht,
und weit verteilt wie Brot in Hungersnöten
an Mitternächte und an Morgenröten,
und sind wie Regen voll des Niederfalles
in eines Dunkels junge Fruchtbarkeit.

SW 1. 360

Liebes-Lied

Wie soll ich meine Seele halten, daß
sie nicht an deine rührt? Wie soll ich sie
hinheben über dich zu andern Dingen?
Ach gerne möcht ich sie bei irgendwas
Verlorenem im Dunkel unterbringen
an einer fremden stillen Stelle, die
nicht weiterschwingt, wenn deine Tiefen schwingen.
Doch alles, was uns anrührt, dich und mich,
nimmt uns zusammen wie ein Bogenstrich,
der aus zwei Saiten *eine* Stimme zieht.
Auf welches Instrument sind wir gespannt?
Und welcher Geiger hat uns in der Hand?
O süßes Lied.

SW 1. 482

Denn von allen meinen Gedanken ist der an Dich, der einzige in dem ich ausruhe, und ich lege mich manchmal ganz in ihn hinein und schlafe drin und stehe aus ihm auf …

Lou 122

Man müsste sich so ineinanderlegen
Wie Blütenblätter um die Staubgefäße

SW 1. 486

Für Lou Andreas-Salomé

… Ich möchte Purpurdecken spannen
und füllen möchte ich rings im Land
mit Balsamöl aus goldnen Kannen
die Blumenlampen bis zum Rand.

Sie sollen alle lange brennen,
bis wir, vom roten Tage blind,
uns in der blassen Nacht erkennen
und unsre Seelen – Sterne sind.

SW 3. 576

Leise an Dir weht
der Flügel meiner Zärtlichkeit vorbei …

SW 2. 316

Und was wir Geist und Seele und Liebe nennen: ist das nicht alles nur eine leise Veränderung auf der kleinen Oberfläche eines nahen Gesichts?

SW 5. 212

Unsere Gefühle alle muten mich an wie Vorhänge vor Handlungen. Es muß nur ein Licht sich erheben irgendwo im Hintergrund, gleich bewegen sich große und geheimnisvolle Schatten über die Fläche des Vorhangs hin.

BR 99–02. 205

Mich mutet es an, als ob unser Herz in jedem nur ein weitergebendes wäre, beschränkt darauf, den Vorrat anzustaunen, der durch seine Hände geht.

BR 14–21. 41

Ausgesetzt auf den Bergen des Herzens. Siehe, wie
                                        klein dort,
siehe: die letzte Ortschaft der Worte, und höher,
aber wie klein auch, noch ein letztes
Gehöft von Gefühl. Erkennst Du's?

SW 2. 94

Es fehlt uns nicht an Nachrichten und Gerüchten vom Leben
der Gefühle. Aber wir *sehen* sie doch nur in den kurzen Augenblicken, da sie aus dem Strome des Schicksals empor-
schnellen oder – mit etwas mehr Gelassenheit – wenn sie
tot, auf der Seite liegend, an seiner Oberfläche vorbeitreiben.
SW 6. 999

Ach, die Gärten bist du,
ach, ich sah sie mit solcher
Hoffnung. Ein offenes Fenster
im Landhaus –, und du tratest beinahe
mir nachdenklich heran. Gassen fand ich, –
du warst sie gerade gegangen,
und die Spiegel manchmal der Läden der Händler
waren noch schwindlig von dir und gaben erschrocken
mein zu plötzliches Bild. – Wer weiß, ob derselbe
Vogel nicht hinklang durch uns
gestern, einzeln, im Abend?
SW 2. 79

Perlen entrollen. Weh, riß eine der Schnüre?
Aber was hülf es, reih ich sie wieder: du fehlst mir,
starke Schließe, die sie verhielte, Geliebte.
SW 2. 42

… ehe zwei Menschen gemeinsam unglücklich sein dürfen, müssen sie zusammen selig gewesen sein und eine gemeinsame heilige Erinnerung haben, die verwandtes Lächeln auf ihren Lippen und verwandte Sehnsucht in ihren Seelen bewahrt. Sie werden wie Kinder, die ein Weihnachtsfest zusammen verjubelt; wenn sie ein(ig)e Minuten Aufatmens finden in den langen, blassen Tagen, setzen sie sich zusammen und erzählen sich mit glühenden Wangen von der tannenduftenden Lichternacht …

Solche Menschen gehn durch alle Stürme gemeinsam.

Lou 26

Oh, mit der Zeit: da kommt alles auseinander, nur gegen die Zeit bleibt man beisammen.

SW 6. 1031

Warst mir die mütterlichste der Frauen,
ein Freund warst Du wie Männer sind,
ein Weib so warst du anzuschauen,
und öfter noch warst Du ein Kind.
Du warst das Zarteste, das mir begegnet,
das Härteste warst Du, damit ich rang.
Du warst das Hohe, das mich gesegnet –
und wurdest der Abgrund, der mich verschlang.

Lou 55f.

... und wie viele in schließlich erstarrtem Schicksal aneinander gebundene Menschen hätten durch kleine, reine Trennungen jenen Rhythmus sich sichern können, durch den die geheimnisvolle Beweglichkeit ihrer Herzen in der tiefen Nähe ihres inneren Welt-Raumes unerschöpflich geblieben wäre, von Wandel zu Wandel.

BR 21–26. 150

Abschiede sind eine Last im Gefühl.

BT 51

Warum Menschen, die sich lieb haben, auseinandergehen, eh es nötig ist?: ja: vielleicht, weil diese Notwendigkeit jeden Augenblick heraustreten und fordern kann. Weil es doch etwas so sehr Vorläufiges ist: beisammen zu sein und sich liebzuhaben.

BR 07–14. 80

Ich weiß noch genau, einmal, vorzeiten, zuhaus, fand ich ein Schmucketui; es war zwei Hände groß, fächerförmig mit einem eingepreßten Blumenrand im dunkelgrünen Saffian. Ich schlug es auf: es war leer. Das kann ich nun sagen nach so langer Zeit. Aber damals, da ich es geöffnet hatte, sah ich nur, woraus diese Leere bestand: aus Samt, aus einem kleinen Hügel lichten, nicht mehr frischen Samtes; aus der Schmuckrille, die, um eine Spur Wehmut heller, leer, darin verlief. Einen Augenblick war das auszuhalten. Aber vor denen, die als Geliebte zurückbleiben, ist es vielleicht immer so.

SW 6. 925

Schlecht leben die Geliebten und in Gefahr. Ach, daß sie sich überstünden und Liebende würden. Um die Liebenden ist lauter Sicherheit.

SW 6. 924

... Liebe ist schwer. Liebhaben von Mensch zu Mensch: das ist vielleicht das Schwerste, was uns aufgegeben ist, das Äußerste, die letzte Probe und Prüfung, die Arbeit, für die alle andere Arbeit nur Vorbereitung ist. Darum *können* junge Menschen, die Anfänger in allem sind, die Liebe noch nicht: sie müssen sie lernen. Mit dem ganzen Wesen, mit allen Kräften, versammelt um ihr einsames, banges, aufwärts schlagendes Herz, müssen sie lieben lernen. Lernzeit aber ist immer eine lange, abgeschlossene Zeit, und so ist Lieben für lange hinaus und weit ins Leben hinein –: Einsamkeit, gesteigertes und vertieftes Alleinsein für den, der liebt. Lieben ist zunächst nichts, was aufgehen, hingeben und sich mit einem zweiten vereinen heißt (denn was wäre eine Vereinigung von Ungeklärtem und Unfertigem, noch Untergeordneten –?), es ist ein erhabener Anlaß für den Einzelnen, zu reifen, in sich etwas zu werden, Welt zu werden, Welt zu werden für sich um eines anderen willen ...

SCH 534f.

Junge Menschen – das liegt auf der Hand – können ein solches Verhältnis nicht gewinnen, aber sie können, wenn sie ihr Leben recht begreifen, langsam zu solchem Glück anwachsen und sich vorbereiten dafür. Sie müssen, wenn sie lieben, nicht vergessen, daß sie Anfänger sind, Stümper des Lebens, Lehrlinge in der Liebe, – müssen Liebe lernen, und dazu gehört [...] Ruhe, Geduld und Sammlung!

BR 92–04. 448f.

... die Männer, sind an die *Leistung* verpflichtet, und was sie an einer Frau Beseligendes erfahren, treibt sie womöglich noch stärker, dringender, in ihre Leistung hinein ... sie entfernen sich, ihre Konzentration ist eigentlich drüben, in ihrer Arbeit, dort lernen sie, dort binden sie, dort verbeißen sie sich; kommen ab und zu, halb zerstreut, halb habgierig, zurück, und unterscheiden, außer in gewissen Augenblicken des Werbens, kaum mehr zwischen Griff und Mißgriff, wo sie den immer wartenden, so oft verlassenen, so oft verstörten Garten der Liebe pflegen sollten.

BR 21–26. 69

... die Frauen [...] sind dieser Garten und dieses Gartens
Himmel und Wind ...

BR 21–26. 69

Jetzt, da so vieles anders wird, wollen sie sich verändern. Sie
sind ganz nahe daran, sich aufzugeben und *so* von sich zu
denken, wie Männer etwa von ihnen reden könnten, wenn sie
nicht da sind. Das scheint ihnen ihr Fortschritt. Sie sind fast
schon überzeugt, daß man einen Genuß sucht und wieder
einen und einen noch stärkeren Genuß: daß darin das Leben
besteht, wenn man es nicht auf eine alberne Art verlieren will.
[...] Das kommt, glaube ich, weil sie müde sind. Sie haben
Jahrhunderte lang die ganze Liebe geleistet, sie haben immer den vollen Dialog gespielt, beide Teile. Denn der Mann
hat nur nachgesprochen und schlecht. Und hat ihnen das
Erlernen schwer gemacht mit seiner Zerstreutheit, mit seiner
Nachlässigkeit, mit seiner Eifersucht, die auch eine Art Nachlässigkeit war.

SW 6. 832

Ich will leise Träume träumen und mit ihrem Glanz wie mit
Ranken meine Stube schmücken zum Empfang. Ich will den
Segen Deiner Hände auf meinen Händen und meinem Haar
in meine Nacht mitnehmen. Ich will nicht zu den Menschen
reden, damit ich den Nachklang Deiner Worte, der wie ein

Schmelz über den meinen zittert und ihren Klang reich macht,
nicht verschwende, und ich will nach der Abendsonne in kein
Licht mehr sehen um am Feuer Deiner Augen tausend leise
Opfer zu entzünden … Ich will aufgehen in Dir, wie das Kin-
dergebet im lauten, jauchzenden Morgen, wie die Rakete bei
den einsamen Sternen.

Lou 19

Lösch mir die Augen aus: ich kann Dich sehn
Wirf mir die Ohren zu: ich kann Dich hören
Und ohne Fuß noch kann ich zu Dir gehn
Und ohne Mund noch kann ich Dich beschwören.
Brich mir die Arme ab: ich fasse Dich
Mit meinem Herzen wie mit einer Hand
Reiß mir das Herz aus und mein Hirn wird schlagen
Und wirfst Du mir auch in mein Hirn den Brand
So will ich Dich auf meinem Blute tragen.

Lou 26

Vor allem: pflanze
mich nicht in dein Herz. Ich wüchse zu schnell.

SW 1. 741

… aber am Ende wird es solche Frauen gar nicht mehr geben, Herzen von so großartiger Einschränkung, die sich an jeder Stelle im Ganzen fühlen, von innen her unbeschränkte Herzen, Herzen von starker, unmittelbarer Erhebung, da doch heute schon fast alles sich nur halb oder gleich zu weit oder nur um der Zerstreuung willen oder auf Umwegen erhebt. Können Sie sich vorstellen, was dann aus den jungen Leuten werden soll?

TuT 1. 47

… eine Geliebte, die nachgibt, ist noch lang keine Liebende.

SW 6. 941

Solange *das* Liebe heißt, daß einer siegt
über den andern, geh ich. Teile Kühle
im Gehen mit. Ich werde nicht zuteil.

SW 2. 228f.

Clara und ich, […] wir haben uns gerade darin gefunden und verstanden, daß alle Gemeinsamkeit nur im Erstarken zweier benachbarter Einsamkeiten bestehen kann …

BR 92–04. 445

Es handelt sich in der Ehe für mein Gefühl nicht darum, durch Niederreißung und Umstürzung aller Grenzen eine rasche Gemeinsamkeit zu schaffen, vielmehr ist die gute Ehe die, in welcher jeder den anderen zum Wächter seiner Einsamkeit bestellt und ihm dieses größte Vertrauen beweist, das er zu verleihen hat. Ein *Miteinander* zweier Menschen ist eine Unmöglichkeit und, wo es doch vorhanden scheint, eine Beschränkung, eine gegenseitige Übereinkunft, welche einen Teil oder beide Teile ihrer vollsten Freiheit und Entwicklung beraubt. Aber, das Bewußtsein vorausgesetzt, daß auch zwischen den *nächsten* Menschen unendliche Fernen bestehen bleiben, kann ihnen ein wundervolles Nebeneinanderwohnen erwachsen, wenn es ihnen gelingt, die Weite zwischen sich zu lieben, die ihnen die Möglichkeit gibt, einander immer in ganzer Gestalt und vor einem großen Himmel zu sehen!

BR 92–04. 166

... ist Ihre Liebe und Freundschaft so mißtrauisch, daß sie immerfort sehen und greifen will, was sie besitzt?

BR 92–04. 204

Gedenken Sie der Liebenden, die sich in den Tagen des Findens mit Worten voneinanderdrängen, ehe sie sich erkennen im ersten Schweigsamsein.

SW 5. 440

Wenn es nur einmal so ganz stille wäre.
Wenn das Zufällige und Ungefähre
verstummte und das nachbarliche Lachen,
wenn das Geräusch, das meine Sinne machen,
mich nicht so sehr verhinderte am Wachen –:

Dann könnte ich in einem tausendfachen
Gedanken bis an deinen Rand dich denken
und dich besitzen (nur ein Lächeln lang),
um dich an alles Leben zu verschenken
wie einen Dank.

SW 1. 256

Im übrigen bin ich der Meinung, daß die »Ehe« als solche
nicht so viel Betonung verdient, als ihr durch die konven-
tionelle Entwicklung ihres Wesens zugewachsen ist. Es fällt
niemandem ein, von einem einzelnen zu verlangen, daß er
»glücklich« sei, – heiratet aber einer, so ist man sehr erstaunt,
wenn er es *nicht* ist!

BR 92–04. 165

Könnten wir nicht versuchen, uns ein wenig zu entwickeln,
und unseren Anteil in der Liebe langsam auf uns nehmen
nach und nach?

SW 6. 834

Denn sieh: sie werden leben und sich mehren
und nicht bezwungen werden von der Zeit,
und werden wachsen wie des Waldes Beeren
den Boden bergend unter Süßigkeit.

Denn selig sind, die niemals sich entfernten
und still im Regen standen ohne Dach;
zu ihnen werden kommen alle Ernten,
und ihre Frucht wird voll sein tausendfach.

Sie werden dauern über jedes Ende
und über Reiche, deren Sinn verrinnt,
und werden sich wie ausgeruhte Hände
erheben, wenn die Hände aller Stände
und aller Völker müde sind.

SW 1. 361

DU MUSST DEIN LEBEN ÄNDERN

… wer vertraut, besteht.

SW 2. 227

Das ist also ein Leben. Der erste Buchstabe eines unbekannten Alphabetes. Aus Alphabeten macht man Worte, und mit Worten ist das so eine Sache: es gibt langweilige, gewöhnliche, freudige, traurige, leichtsinnige, – es gibt auch unsterbliche Worte. Wer weiß …

SW 5. 35

Heute, auf einmal ist – »heute« ein Anfang, eine Eins. Wovon Anfang? Eine Eins wovor? Vor einer langen Zahl, vor Millionen vielleicht?

BT 203

Denn einen Anfang muß es doch geben, und wenn man ihn zu fassen bekäme, das wäre immer schon etwas. Ach Malte, wir gehen so hin, und mir kommt vor, daß alle zerstreut sind und beschäftigt und nicht recht achtgeben, wenn wir hingehen. Als ob eine Sternschnuppe fiele und es sieht sie keiner und keiner hat sich etwas gewünscht. Vergiß nie, dir etwas zu wünschen, Malte. Wünschen, das soll man nicht aufgeben. Ich glaube, es gibt keine Erfüllung, aber es gibt Wünsche, die lange vorhalten, das ganze Leben lang …

SW 6. 788

... Wünschen ist dort am Schönsten, wo die Vorbedingungen der Erfüllung am Glücklichsten und Vollkommensten sind.

BR 14–21. 251

Das ist die Sehnsucht: wohnen im Gewoge
und keine Heimat haben in der Zeit.
Und das sind Wünsche: leise Dialoge
täglicher Stunden mit der Ewigkeit.

Und das ist Leben. Bis aus einem Gestern
die einsamste von allen Stunden steigt,
die, anders lächelnd als die andern Schwestern,
dem Ewigen entgegenschweigt.

SW 1. 145

Sehnsucht geht zu oft ins Ungenaue

Lou 400

Ein jeder Tag soll und muß seinen Sinn haben, und erhalten soll er ihn nicht vom Zufall, sondern von mir

BT 233

... greife allen Tagen in die Speichen ...

SW 1. 418

Unser Sehnen muß sein:
alle Gefühle zu finden,
die uns befrein.
Tiefer im Ahnen zu werden;
allen weckenden Winden
willige Fahnen zu werden,
die von Siegern erhoben
auf den Zinnen der Zeiten
oben – wunderdurchwoben –
Bilder entbreiten. –

BR 02–04. 65 f.

Von Zukunftsplänen strahlen
die Winde über den Dächern.

SW 2. 123

Sie haben recht, auch Pläne bringen schon reichlich viel Beweglichkeit in uns, und wer weiß, wie sehr wir uns, während
sie uns auf einer Stelle lassen, in ihnen wandeln.

BR 21–26. 91

Auch ist man nie näher an einer »Wendung«, als wenn sich das Dasein, bis ins Kleinste und Täglichste hinein, für »unerträglich« ausgibt –, gerade dann noch eine Weile zu warten, müßte eine Aufgabe mindestens – der Neugierde sein.

BR 21–26. 90

Wo man Großes erwartet, ist es ja nicht das oder jenes, worauf man rechnet, man kann gar nicht rechnen und raten, denn es handelt sich um das Unerwartete, Unabsehbare.

BR 06–07. 226

Sie sind so jung, so vor allem Anfang, und ich möchte Sie, so gut ich es kann, bitten, lieber Herr, Geduld zu haben gegen alles Ungelöste in Ihrem Herzen und zu versuchen, *die Fragen selbst* liebzuhaben wie verschlossene Stuben und wie Bücher, die in einer sehr fremden Sprache geschrieben sind. Forschen Sie jetzt nicht nach den Antworten, die Ihnen nicht gegeben werden können, weil Sie sie nicht leben könnten. Und es handelt sich darum, alles zu leben. *Leben* Sie jetzt die Fragen. Vielleicht leben Sie dann allmählich, ohne es zu merken, eines fernen Tages in die Antworten hinein.

SCH 524

Erinnern Sie sich, wie sich dieses Leben aus der Kindheit heraus nach den »Großen« gesehnt hat? Ich sehe, wie es sich jetzt von den Großen fort nach den Größeren sehnt. Darum hört es nicht auf schwer zu sein, aber darum wird es auch nicht aufhören zu wachsen.

SCH 1904

Und was heißt leben, als eben dieses Wagnis, eine Form auszufüllen, die einem dann eines Tages von den neuen Schultern gebrochen wird […]?

BRJ 47

Siehe, ich lebe. Woraus? Weder Kindheit noch Zukunft
werden weniger ...... Überzähliges Dasein
entspringt mir im Herzen.

SW 1. 720

Die Jahre gehn ... und doch ist's wie im Zug:
wir gehn vor allem, und die Jahre bleiben
wie Landschaft hinter dieser Reise Scheiben,
die Sonne klärte oder Frost beschlug.

Wie sich Geschehnes im Raum verfügt:
Eines ward Wiese, eins ward Baum, eins ging

den Himmel bilden helfen … Schmetterling
und Blume sind vorhanden, keines lügt;
Verwandlung ist nicht Lüge …

BR 21–26. 344

Seltsam. Das Leben setzt seinen Stolz hinein, nicht unkompliziert auszusehen. Wahrscheinlich brächte es uns mit Einfachheit nicht zu alledem, wozu wir nicht leicht zu bringen sind …

BR 06–07. 283f.

Niemand kann Ihnen raten und helfen, niemand. Es gibt nur ein einziges Mittel. Gehen Sie in sich.

SCH 515

Wenn Ihr Alltag Ihnen arm scheint, klagen Sie ihn nicht an; klagen Sie sich an, sagen Sie sich, daß Sie nicht Dichter genug sind, seine Reichtümer zu rufen; denn für den Schaffenden gibt es keine Armut und keinen armen gleichgültigen Ort.

SCH 515f.

… die Reichen *sind* nicht reich.

SW 1. 353

... gerade in den tiefsten und wichtigsten Dingen sind wir namenlos allein, und damit einer dem anderen raten oder gar helfen kann, muß viel geschehen, viel muß gelingen, eine ganze Konstellation von Dingen muß eintreffen, damit es einmal glückt.

SCH 518

... denn im Grunde kann keiner im Leben dem anderen helfen; [...] Das ist nicht so schlimm, wie es auf den ersten Blick scheinen mag; es ist auch wieder das Beste im Leben, daß jeder alles in sich selbst hat: sein Schicksal, seine Zukunft, seine ganze Weite und Welt.

BR 92–04. 445

Ihr inneres Geschehen ist Ihrer ganzen Liebe wert, an ihm müssen Sie irgendwie arbeiten und nicht zu viel Zeit und zu viel Mut damit verlieren, Ihre Stellung zu den Menschen aufzuklären. Wer sagt Ihnen denn, daß sie überhaupt eine haben?

SCH 531

Was not tut, ist doch nur dieses: Einsamkeit, große innere Einsamkeit. Insich-Gehen und stundenlang niemandem begegnen, – das muß man erreichen können. Einsam sein, wie man als Kind einsam war, als die Erwachsenen umhergingen, mit Dingen verflochten, die wichtig und groß schienen, weil die Großen so geschäftigt aussahen und weil man von ihrem Tun nichts begriff.

Und wenn man eines Tages einsieht, daß ihre Beschäftigungen armselig, ihre Berufe erstarrt und mit dem Leben nicht mehr verbunden sind, warum dann nicht weiter wie ein Kind darauf hinsehen als auf ein Fremdes, aus der Tiefe der eigenen Welt heraus, aus der Weite der eigenen Einsamkeit, die selber Arbeit ist und Rang und Beruf?

SCH 530

Einsamkeit

Die Einsamkeit ist wie ein Regen.
Sie steigt vom Meer den Abenden entgegen;
von Ebenen, die fern sind und entlegen,
geht sie zum Himmel, der sie immer hat.
Und erst vom Himmel fällt sie auf die Stadt.

Regnet hernieder in den Zwitterstunden,
wenn sich nach Morgen wenden alle Gassen
und wenn die Leiber, welche nichts gefunden,

enttäuscht und traurig voneinander lassen;
und wenn die Menschen, die einander hassen,
in *einem* Bett zusammen schlafen müssen:

dann geht die Einsamkeit mit den Flüssen …
SW 1. 397f.

Man muß in sich selber leben und an das *ganze* Leben denken, an alle seine Millionen Möglichkeiten, Weiten und Zu-
künfte, denen gegenüber es nichts Vergangenes und Verlorenes gibt.
BR 92–04. 450

Unser Herz ist tief, aber wenn wir nicht hineingedrückt werden, gehen wir nie bis auf den Grund. Und doch, man muß
auf dem Grund gewesen sein. Darum handelt es sich.
BR 02–06. 285

Aber nur wer auf alles gefaßt ist, wer nichts, auch das Rät-
selhafteste, nicht ausschließt, wird die Beziehung zu einem
anderen als etwas Lebendiges leben und wird selbst sein eigenes Dasein ausschöpfen. Denn wie wir dieses Dasein des
Einzelnen als einen größeren oder kleineren Raum denken,
so zeigt sich, daß die meisten nur eine Ecke ihres Raumes

kennen lernen, einen Fensterplatz, ein Streifen, auf dem sie auf und nieder gehen.

SCH 542

Wir sind ins Leben gesetzt, als in das Element, dem wir am meisten entsprechen, und wir sind überdies durch jahrtausendelange Anpassung diesem Leben so ähnlich geworden, daß wir, wenn wir stille halten, durch ein glückliches Mimikry von allem, was uns umgibt, kaum zu unterscheiden sind. Wir haben keinen Grund, gegen unsere Welt Mißtrauen zu haben, denn sie ist nicht gegen uns. Hat sie Schrecken, so sind es unsere Schrecken, hat sie Abgründe, so gehören diese Abgründe uns, sind Gefahren da, so müssen wir versuchen, sie zu lieben. Und wenn wir nur unser Leben nach jenem Grundsatz einrichten, der uns rät, daß wir uns immer an das Schwere halten müssen, so wird das, welches uns jetzt noch als das Fremdeste erscheint, unser Vertrautestes und Treuestes werden.

SCH 542f.

Sturm

… Ich sehe den Bäumen Stürme an,
die aus laugewordenen Tagen
an meine ängstlichen Fenster schlagen,

und höre die Fernen Dinge sagen,
die ich nicht ohne Freund ertragen
nicht ohne Schwester lieben kann.

Da geht der Sturm – ein Umgestalter –
geht durch den Wald und durch die Zeit,
und alles ist wie ohne Alter:
die Landschaft wie ein Vers im Psalter,
ist Ernst und Wucht und Ewigkeit.

Wie ist das klein, womit wir ringen, –
was mit uns ringt – wie ist *das* groß:
ließen wir, ähnlicher den Dingen,
uns so vom großen Sturm bezwingen,
wir würden weit und namenlos.

SW 3. 725 f.

Die Leute haben (mit Hilfe von Konventionen) alles nach dem Leichten hin gelöst und nach des Leichten leichtester Seite; es ist aber klar, daß wir uns an das Schwere halten müssen. [...] Wir wissen wenig, aber daß wir uns zum Schweren halten müssen, ist eine Sicherheit, die uns nicht verlassen wird; es ist gut, einsam zu sein, denn Einsamkeit ist schwer; daß etwas schwer ist, muß uns ein Grund mehr sein, es zu tun.

SCH 534

Jenes »Schwer-nehmen« des Lebens [...] will ja nichts sein, nicht wahr?, als ein Nehmen nach dem wahren Gewicht, also ein Wahrnehmen; ein Versuch, die Dinge mit dem Karat des Herzens zu wägen, statt mit Verdacht, Glück oder Zufall.

BR 21–26. 117

Der Gram ist schweres Erdreich. Darin
wurzelt dunkel ein seliger Sinn,
daß er sich blühend entringe;
wie war in dir, mein stiller Schoß,
alles trotzdem namenlos:
draußen erst heißen die Dinge.

SW 2. 247

Gefährlich und schlecht sind nur jene Traurigkeiten, die man unter die Leute trägt, um sie zu übertönen [...] Wäre es uns möglich, weiter zu sehen, als unser Wissen reicht, und noch ein wenig über die Vorwerke unseres Ahnens hinaus, vielleicht würden wir dann unsere Traurigkeiten mit größerem Vertrauen ertragen als unsere Freuden. Denn sie sind die Augenblicke, da etwas Neues in uns eingetreten ist, etwas Unbekanntes …

SCH 539

Geheimnisvolles Leben Du, gewoben
aus mir und vielen unbekannten Stoffen,
geschieh mir nur: Mein Sinn ist allem offen
und meine Stimme ist bereit zu loben.
Wenn du mir weh tun willst, so komm und schneide
mein Herz entzwei, das tausendfach empfindet,
blende mein Aug mit Brand bis es erblindet;
ich glaube, daß ich wachse wenn ich leide.
Und wachsen will ich um jeden Preis.
Reiß mich hinauf an meinen Haaren,
drück mich der Erde in den Schoß!
Nur laß mich deinen Sinn erfahren,
denn ich vermute: Du bist groß.

SW 3. 748

Hast du noch gar nicht gewußt, daß die Freude ein Schrek-
ken ist, vor dem man keine Furcht hat? Man geht durch einen Schrecken durch bis ans Ende: und das ist eben die
Freude. Ein Schrecken, von dem man nicht nur den Anfangsbuchstaben kennt. Ein Schrecken, zu dem man Vertrauen
hat. – Oder hattest du Angst?

SW 6. 993

Wie sollen wir jener alten Mythen vergessen können, die am Anfange aller Völker stehen; der Mythen von den Drachen, die sich im äußersten Augenblick in Prinzessinnen verwandeln; vielleicht sind alle Drachen unseres Lebens Prinzessinnen, die nur darauf warten, uns einmal schön und mutig zu sehen. Vielleicht ist alles Schreckliche im tiefsten Grunde das Hilflose, das von uns Hilfe will.

SCH 543

Das Versagen darf ja auch keine Enttäuschung sein für die, die das äußerste beginnen und sich im bescheiden Proportionierten nicht ansiedeln …

BR 07–14. 65

Auch noch Verlieren ist *unser*; und selbst das Vergessen hat noch Gestalt in dem bleibenden Reich
der Verwandlung.
Losgelassenes kreist; und sind wir auch selten die Mitte einem der Kreise: sie ziehn um uns die heilige Figur.

SW 2. 259

Die Welt steht auf mit euch, und Anfang glänzt an allen Bruchstellen unseres Mißlingens …

SW 2. 185

Sein Wachstum ist: der Tiefbesiegte
von immer Größerem zu sein.

SW 1. 460

… unsere Wirrnisse sind seit je ein Teil unserer Reichtümer
gewesen […] und das Chaos, wenn wir nur ein wenig Ab-
stand davon gewinnen, erregt in uns sofort die Ahnung neuer
Ordnungen …

BR 21–26. 149

Auch das Gewesene ist noch ein Seiendes in der Fülle des
Geschehens …

SW 6. 1098

… das, was war, muß nicht von der Stelle geräumt, nur langsam verwandelt werden, so wie das, was sein wird, nicht
von den Himmeln fällt im letzten Augenblick, sondern immer
schon neben uns, um uns und in unseren Herzen sich aufhält,
auf den Wink wartend, der es ins Sichtbare ruft.

BR 07–14. 71

… das Gelingen, das schließlich etwas so Einfaches ist, setzt
sich aus Tausendem zusammen: wir wissen nie ganz woraus.

BR 06–07. 225

Wir müssen unser Dasein, so *weit*, als es irgend geht, annehmen; alles, auch das Unerhörte, muß darin möglich sein. Das ist im Grunde der einzige Mut, den man von uns verlangt: mutig zu sein zu dem Seltsamsten, Wunderlichsten und Unaufklärbarsten, das uns begegnen kann.

SCH 541f.

.... Es sind ja immer die unaussprechlichen Gesetze, aus denen heraus wir leben ....

SW 5. 274

Es kommt vielleicht nur darauf an, einmal in einem einzigen Gedanken die ganze Welt zu denken, um nicht mehr verloren zu gehen.

Der Mann, der nach vielem Nachdenken, wußte –: Alles ist Gott – war ebenso gerettet und erlöst wie Der es ist, der sich schließlich sagte: Es gibt nur eine einzige, tausendfältig bewegte Oberfläche: denn auch für ihn wurde die Welt einfach, und die Aufgabe seines Lebens wurde schlicht und ganz in seine Hände gelegt.

Denn ob etwas ein Leben wird, das hängt nicht von den großen Ideen ab, sondern davon, ob man sich aus ihnen ein Handwerk schafft, ein Tägliches, Etwas, was bei einem aushält bis ans Ende.

SW 5. 265f.

DAS LEBEN IST KOMISCH

… du steckst die Faust dem Schicksal in den Rachen,
du modellierst die Tage dir, die flachen,
zu Amoretten. Von des Lebens Sachen
kannst du die schwerste: Übers Leben lachen!

SW 3. 533

Oh sage, Dichter, was du tust?
                    – Ich rühme.
Aber das Tödliche und Ungetüme,
wie hältst du's aus, wie nimmst du's hin?
                    – Ich rühme.
Aber das Namenlose, Anonyme,
Wie rufst du's, Dichter, dennoch an?
                    – Ich rühme.
Woher dein Recht, in jeglichem Kostüme,
in jeder Maske wahr zu sein?
                    – Ich rühme.
Und daß das Stille und das Ungestüme
wie Stern und Sturm dich kennen?
                    : – weil ich rühme.

SW 2. 249

Man tut gut, gewisse Dinge, die sich nicht mehr ändern werden, einfach festzustellen, ohne die Tatsachen zu bedauern
oder auch nur zu beurteilen.

SW 6. 891

Es ist gut, es laut zu sagen: »Es ist nichts geschehen.« Noch
einmal: »Es ist nichts geschehen.« Hilft es?

SW 6. 747

… da sind jene Dinge, die sich eine Freude daraus machen, einem in gewissen Abständen immer wieder in die Hände zu kommen, so lange, bis sie sich im entscheidenden Augenblick verstecken und von irgendwo zusehen, daß man sie, die man schon wegwünschte, sucht und nötig hat. Da sie alle die merkwürdigen Formationen des Abbruchs, die aus dem Zusammensein unmöglicher Gegenstände entsprungenen Bastarde, mit einem Wort: das Elend, die Hölle;

BR 07–14. 7

Es gibt ein Wesen, das vollkommen unschädlich ist, wenn es dir in die Augen kommt, du merkst es kaum und hast es gleich wieder vergessen. Sobald es dir aber unsichtbar auf irgendeine Weise ins Gehör gerät, so entwickelt es sich dort, es kriecht gleichsam aus, und man hat Fälle gesehen, wo es bis ins Gehirn vordrang und in diesem Organ verheerend gedieh, ähnlich den Pneumokokken des Hundes, die durch die Nase eindringen.

Dieses Wesen ist der Nachbar.

Nun, ich habe, seit ich so vereinzelt herumkomme, unzählige Nachbarn gehabt; obere und untere, rechte und linke, manchmal alle vier Arten zugleich. Ich könnte einfach die Geschichte meiner Nachbaren schreiben; das wäre ein Lebenswerk. Es wäre freilich mehr die Geschichte der Krankheitserscheinungen, die sie in mir erzeugt haben …

SW 6. 863f.

Ich habe Nachbaren gehabt, die gerade haßten, und Nachbaren, die in eine heftige Liebe verwickelt waren; oder ich erlebte es, daß bei ihnen eines in das andere umsprang mitten in der Nacht, und dann war natürlich an Schlafen nicht zu denken. Da konnte man überhaupt beobachten, daß der Schlaf durchaus nicht so häufig ist, wie man meint.

SW 6. 864

Es gibt eine Menge Menschen, aber noch viel mehr Gesichter, denn jeder hat mehrere. Da sind Leute, die tragen ein Gesicht jahrelang, natürlich nutzt es sich ab, es wird schmutzig, es bricht in den Falten, es weitet sich aus wie Handschuhe, die man auf der Reise getragen hat. Das sind sparsame, einfache Leute; sie wechseln es nicht, sie lassen es nicht einmal reinigen. Es sei gut genug, behaupten sie, und wer kann ihnen das Gegenteil nachweisen? Nun fragt es sich freilich, da sie mehrere Gesichter haben, was tun sie mit den andern? Sie heben sie auf. Ihre Kinder sollen sie tragen. Aber es kommt auch vor, daß ihre Hunde damit ausgehen. Weshalb auch nicht? Gesicht ist Gesicht.

SW 6. 711

Andere Leute setzen unheimlich schnell ihre Gesichter auf, eins nach dem andern, und tragen sie ab. Es scheint ihnen zuerst, sie hätten für immer, aber sie sind kaum vierzig; da ist schon das letzte. Das hat natürlich seine Tragik. Sie sind nicht gewohnt, Gesichter zu schonen, ihr letztes ist in acht Tagen durch, hat Löcher, ist an vielen Stellen dünn wie Papier, und da kommt dann nach und nach die Unterlage heraus, das Nichtgesicht, und sie gehen damit herum.

SW 6. 712

Es gibt Menschen, denen die Eltern in der Wiege einen Namen geben, der schon wie aus dem Konversationslexikon klingt, diese Menschen müssen berühmt werden auf jeden Fall. Wenn sie als Kinder den Hals brechen, worden sie's eben deswegen.

SW 4. 24

Wer gibt heute noch etwas für einen gut ausgearbeiteten Tod? Niemand. Sogar die Reichen, die es sich doch leisten könnten, ausführlich zu sterben, fangen an, nachlässig und gleichgültig zu werden; der Wunsch, einen eigenen Tod zu haben, wird immer seltener. Eine Weile noch, und er wird ebenso selten sein wie ein eigenes Leben.

SW 6. 713f.

Das Leben ist ein Ding des Übermuts.

SW 2. 101

Ob man nicht eine groteske Figur ausdenken müßte, nur um schließlich den Satz anzubringen: »er brachte die letzten sechs sieben Jahre damit zu, einen Rockknopf zu schließen, der immer wieder aufging?«

TuT 1. 37

Jeder hat seine besonderen Einfälle und Befürchtungen, und er läßt den andern so viel davon sehen, als ihm nützt und paßt.

SW 6. 922

... Auguste, die an jedem Familienfest für drei vorangehende und drei folgende Tage sattaß, beschäftigte sich mit der Lösung der Aufgabe, ebensoviel zu reden, wie zu essen. Sie stellte ihre Worte als Schirm vor ihrem übervollen Teller auf, und ihre Phantasie verdaute mit ihrem Magen um die Wette.

SW 4. 11

Tante Auguste erzählte währendher lauter geringfügigen Stadtklatsch, und nur ganz selten tat jemand, wie ein Almosen, ein Wörtchen dazu.

SW 4. 16

Gesprächsstoff war, wenn man genau sein will, überhaupt keiner da; es wurden Reste veräußert zu unglaublichen Preisen, es war eine Liquidation aller Bestände.

SW 6. 809

Sie sprach: »Prälat, nun nenne sachte,
ob Gott erst Ei, erst Henne machte,
als diese Welt zu Tage kam.«
Und der Gefragte schwieg betroffen,
war einer Antwort Sieg zu hoffen, –
sie fragte immer wieder: »wie ...... «
»Wenn ich der Schöpfung Plan nun nenne,
mich deucht, zuerst war Hahn und Henne
und dann die kleinen Kik'riki ....«

SW 3. 531

... der Pfarrer kam, sprach von der ewigen Seligkeit und wann die nächste Messe mit Gesang sein wird, und daß abends Saufest beim ›Roten Ochsen‹ sei, welches er keinesfalls versäumen dürfe.

In der nächsten Nacht hatte Rosine drei Träume. Einen von der ewigen Seligkeit und dem Herrn Pfarrer. Das war ein schöner Traum. Einen von der ewigen Seligkeit und vom Herrn Pfarrer und von der Orgel, das war auch ein schöner Traum. Und einen von der Orgel, die doch eigentlich der Herr

Pfarrer selbst war, und von der ewigen Seligkeit, in der es her-
ging, wie beim Saufest. Das war ein unchristlicher, aber doch
der schönste von den drei Träumen.

SW 4. 34

Was für Vorgefühle in dir schliefen –,
war es Ehrfurcht gegen Glück und Weh,
wenn du schon in deinen Kinderbriefen
selbst das Zeitwort ›Lieben‹ groß schriebst, Dorothee?

SW 2. 127

Sie hatte ein Geheimnis, und dieses Geheimnis war ein Geheimnis.

SW 4. 29

Statt zu reiten, Olga, statt zu jagen,
kniet ich bei dir, während jeder ging
kniet ich, Seidenes um mich geschlagen,
das von deiner Gnade niederhing.

SW 2. 114

Wieviel Zeit hat er gebraucht, um seinen ältesten, verhäng-
nisvollsten Fehler einzusehen: daß er Liebe, die auf ihn aus-

ging, wie seine eigene Angelegenheit nahm, obwohl sie doch die entfernteste war, vielleicht überhaupt keine, indifferent wie der Zahnschmerz eines Fremden. Warum in aller Welt hatte er sich dann immer veranlaßt gefühlt, den Zahnarzt zu spielen?

SW 6. 1077

Sie hat eine wunderbare Skala des Weinens, sie weint dem Schönen entgegen und dem Traurigen zulieb, und es gleicht keine Träne der anderen.

SW 6. 1060

Zierstück

Sieben Gefühle aus Silber sind
über deine dunkelspiegelnde Seele gespannt.
Sieben Saiten der Sehnsucht.
Und ein jeder Wind,
der an den Strand
deiner lichten Stirne getrieben,
muß seine Kühle
durch deine sieben Gefühle
sieben ..

SW 3. 625f.

... aber schlecht wie die Welt nun einmal ist, darf man ja
nicht einmal behaupten, daß alles was glänzt – Butter ist.

TuT 1. 83

Und dann: wenn du neunundneunzig Gerechte erst gefunden hast, verzichtest du sicher gerne drauf, sie auch noch
reden zu hören; denn es wären dann vielleicht gar nicht mehr
neunundneunzig.

SW 5. 405

Aber lieber Herr ....

...... Und gerade mir gegenüber
saß er und hielt
einen goldbraunen Rebhuhnflügel
in der protzigen, sommersprossigen
breiten Philisterpfote.
Seine winzigen Augen
grinsten hinter dicken Lidfalten:
Wonne.
So blinzeln Kanonenrohrmündungen
über Festungswälle. –
Was war das ein Rebhuhn!
Laut schnalzt er.
Dann brandet eine Welle Rheinwein

an den gelben, schiefen Zähnen,
wälzt sich wie wütend im Wirbel
her und hin in des Munds
geräumiger Höhle,
und stürzt dann zur Tiefe.
Und er gluckste und gurrte,
steckte den Zahnstocher
zwischen die triefenden Lippen,
machte zwei Knöpfe der Weste sich auf
und pfauchte:
»Aber was wollen Sie immer?
Mein Gott, Essen und Trinken
fehlt Ihnen nicht und ein Heim.
Bitt' Sie, die Zeiten sind übel.
Was wollen Sie denn mehr,
wenn man gesund ist ....«

....

»Aber lieber Herr!
Essen Sie ruhig Ihr Rebhuhn.
Sehen Sie, ich habe so Stunden,
da möcht' ich
die Wolken rupfen,
mit nachtschwarzen Pappelwipfeln
dem Mond einen Schnurrbart malen
und Sterne haben
im Portemonnaie ...«

SW 3. 441–443

Wunderlich ist es zu reisen: Was hab ich alles gesehen. Dabei noch nicht mal gut gesehen, nur so eben hin; wenn man nun erst richtig schaute und reiste, was müßte dabei herauskommen …

BR 07–14. 67

… dieses Wegfahren im Auto hat gar nichts überzeugendes, mit der Bahn reist man richtig ab, alle Leute habens gesehen, aber so –?

TuT 1. 59

Man geht, geht, fährt, fährt und, wo immer man auch ankommt, ist der erste Eindruck der der eigenen Müdigkeit.

Lou 43

… es kostet so viel Anstrengung und guten Willen und Phantasie, aus dem Inhalt einiger Koffer einen Anschein von vier Wänden irgendwo aufzurichten …

BR 06–07. 68

Man muß sie gesehen haben, diese kleinen und ganz kleinen Städte in meiner Heimat. Sie haben *einen* Tag auswendig gelernt; den schreien sie immerfort wie große graue Papageien in die Sonne hinein.

SW 5. 399

Berlin hat nicht die Art, einem eins nach dem anderen beizubringen; man bekommt alles zugleich ins Haus geworfen, [...] So geht es mir in Berlin immer wie einem schlechten Schüler, der hinter allem zurückbleibt und von seinem Strafplatz aus schließlich gar nicht mehr begreift, um was es sich auf der Tafel handelt.

BR 07–14. 93f.

Gebirge sind mir von vornherein nicht leicht zu begreifen, – die Pyrenäen vermochte ich zu sehen, das Atlas-Gebirge in Nord-Afrika gehört zu meinen erhabensten Erinnerungen, und wenn ich bei Tolstoi vom Kaukasus las, so hatte ich das unbeschreibliche Fieber seiner Größe. Aber diese Schweizer Berge?

BR 14–21. 252

Ich kann mir nicht helfen, ich erreiche diese assortierte Natur am bequemsten mit meiner Ironie, ja und ich erinnere mich der schönen Zeiten, wo ich, hier durchreisend, die Vorhänge des Coupés zuzog, worauf die übrigen Reisenden in den Gängen meinen Anteil Aussicht gierig mitverzehrten, ich bin sicher, es ist nichts übrig geblieben.

BR 14–21. 270

Die Schweizer, können Sie denken, sind ein hartes und dichtes Material, es ist nicht eben leicht, sie zu penetrieren …

BR 14–21. 278

Seltsam übrigens: die Psychoanalyse nimmt hier (wenigstens in Zürich) die eindringlichsten Formen an: fast alle diese ohnehin sauberen und eckigen jungen Leute werden analysiert –, nun denken Sie sich das aus: so ein sterilisierter Schweizer, in dem alle Winkel ausgekehrt und gescheuert sind …

BR 14–21. 272

Zusammenfassend aber kann ich mich ungefähr so kenntlich machen: die Schweiz, gewiß kein Land für mich; sie mutet mich an wie jene gemalten oder modellierten Aktfiguren, die darauf angelegt waren, die »Schönheiten« vieler Frauen an einer Gestalt in Erscheinung zu setzen, das ist, wenn ich nicht irre, die Ästhetik der Schweiz …

BR 14–21. 262f.

Selten habe ich so wie während dieser Fahrt [nach Süden] das Erlösende gefühlt, das im Handeln liegt, diese unsagbare Befreiung vom Zufall und seinen Gefahren, diese Macht, die aus dem einfachsten Tun kommt. Freilich ich war auch nicht ohne Bedenken. Vielleicht war Viareggio anders geworden in den sechs Jahren, vielleicht war es auch voll, vielleicht war es zu kalt, vielleicht ... die Vielleicht vermehrten sich unglaublich, und ich kam mit ganzen Familien, mit Generationen von Vielleicht an, die aber fast alle an der Wirklichkeit starben, die nun begann. Einige siechen noch so hin, aber es geht ihnen schlecht genug.

BR 02–06. 71

Am Morgen. Ich komme zum Frühstück hinunter. Der Kellner fragt mich deutsch nach meiner Bestellung. Am Nebentisch spricht man Deutsch (auch das kann noch vorkommen), aber man spricht Deutsch am 2., am 3., am 4. Tisch, im Flur, im Treppenhaus, auf der Straße: ich sitze mitten in deutschen Worten und in was für welchen: bald glaubte ich meine Cousine Paula zu hören, bald den, bald jenen »lieben« Bekannten: Tanten-Deutsch schlimmster Art auf allen Seiten und nicht wie im Ausland, nein ganz ungeniert, ohne Zurückhaltung, wie zu Hause. Da ahnte ich, was das ist, was man italienische Riviera nennt.

BR 02–06. 68

Mein Zimmer wird mir vielleicht noch ganz lieb werden, ich lebe viel von der Aussicht, die, am frühesten Morgen besonders, von schöner Ordnung und Weite ist. Eigentlich möcht ich gern viel zuhause sein, die Fremden sind doch über Hand und, wehe, wenn man abends über den Marcusplatz kommt und sie alle angeleuchtet findet von den Glühlampen der Illuminierung; dieser stupide Superlativ von Licht vertreibt die letzten Züge aus ihren Gesichtern, sie sehen alle Ah-Ah-Ah aus, ohne Unterschied oder Abstufung; ich weiß nicht wie es kommt, daß sie sich in diesem Zustand untereinander unterscheiden: vermittels des Kellners wahrscheinlich, bei dem sie sitzen.

TuT 1. 149

Und nun Capri. Ach ja. So recht zuzulernen habe ich da nichts. Jacobsen sagt irgendwo: »Es erfordert so unendlich viel Takt, mit der Begeisterung umzugehen.« Nun, dieser Ort hat sein Gepräge durch recht übel ausgeübte Begeisterung bekommen; die Fremden sind fort, größtenteils, aber die Spuren ihrer dummen, immer in dieselben Löcher hineinfallenden Bewunderung sind so augenfällig und haften so sehr, daß selbst die ungeheuren Stürme, die die Insel ab und zu in den Rachen nehmen, sie nicht mitreißen. Ich werde jedesmal recht traurig in solchen Landschaftsausstellungen, vor dieser deutlichen, preisgekrönten, unanfechtbaren Schönheit.

BR 06–07. 118f.

Hier ist alles nach dem Leichten hin gelöst, nach des Leichten leichtester Seite. Blumen kommen und Blüten, Anemonen blühn und Glycinien und man sagt es sich und sagt es sich wieder, wie einem Schwerhörigen. Aber es ist alles so attrappenhaft blind und scheinbar; [...] Und die Himmel, in denen so billige Farbenspiele vor sich gehen, sind seicht und wie versandet; sie sind nicht überall, sie spielen nicht, wie die Himmel des Moores, des Meeres und der Ebenen, um die Dinge, sind nicht unendlicher Anfang von Weiten, sind Abschluß, Vorhang, Ende, – und hinter den letzten Bäumen, die flach wie Kulissen auf diesem gleichgültigen Fotografen-Hintergrund stehen, – hört alles auf.

Lou 155f.

Gründe praktischer Art und anderer kommen zusammen, um mir das Reisen abzuschneiden –, ich habe die drei Teppiche des Hauses, einen nach dem anderen, befragt: keiner fliegt!

BR 21–26. 182

Freund aus dem Volke, hör eine ganz kleine Geschichte: zwei einsame Seelen begegnen sich in der Welt. Die eine Seele tönt Klagen; sie fleht die fremde um Trost. Und leise neigt sich ihr die fremde und raunt: ›Auch mir ist es Nacht‹ ... . Ist das nicht Trost? ....

SW 6. 1206

DIE NÖTE DER MENSCHEN

Wer spricht von Siegen?
Überstehn ist alles.

SW 1. 664

... es ist doch eine mühsame Welt, weiß Gott.

TuT 1. 128

Denn die Herrlichkeit ist nur ein Augenblick, und wir haben nie etwas Längeres gesehen als das Elend.

SW 6. 905f.

Und was tun die Menschen alles, – ich weiß nicht, was sie tun, aber sie sehn größtenteils beschäftigt aus oder wenigstens verliebt, sie sind in Bewegung, ich bin sicher, sie leisten allerhand, sie spielen ihre Rollen, sie schreiben Briefe, und dabei bleibt noch Zeit übrig, zähe Zeit, auf die sie laut loshauen wie auf einen *Clown*, um sie nur loszuwerden.

TuT 1. 34f.

Sie sind wie Bäume, welche ihre Wurzeln vergessen haben und nun meinen, daß das Rauschen ihrer Zweige ihre Kraft und ihr Leben sei. Viele haben nicht Zeit sie zu hören. Sie dulden keine Stunde um sich. Das sind arme Heimatlose, die den Sinn des Daseins verloren haben. Sie schlagen auf die Tasten der Tage und spielen immer denselben monotonen verlorenen Ton.

SW 5. 418

Wie heimatlos sind wir doch alle!

BR 14–21. 286

Und was für Menschen bin ich seither begegnet, fast an jedem Tage; Trümmern von Karyatiden, auf denen noch das ganze Leid, das ganze Gebäude eines Leidens lag, unter dem sie langsam wie Schildkröten lebten. Und sie waren Vorübergehende unter Vorübergehenden, allein gelassen und ungestört in ihrem Schicksal. Man fing sie höchstens als Eindruck auf und betrachtete sie mit ruhiger sachlicher Neugier wie eine neue Art Tier, dem die Not besondere Organe ausgebildet hat, Hunger- und Sterbeorgane […] O was ist das für eine Welt!

BR 02–06. 99

Die Städte aber wollen nur das Ihre
und reißen alles mit in ihrem Lauf.
Wie hohles Holz zerbrechen sie die Tiere
und brauchen viele Völker brennend auf.

Und ihre Menschen dienen in Kulturen
und fallen tief aus Gleichgewicht und Maß,
und nennen Fortschritt ihre Schneckenspuren
und fahren rascher, wo sie langsam fuhren,
und fühlen sich und funkeln wie die Huren
und lärmen lauter mit Metall und Glas.

Es ist, als ob ein Trug sie täglich äffte,
sie können gar nicht mehr sie selber sein;
das Geld wächst an, hat alle ihre Kräfte
und ist wie Ostwind groß, und sie sind klein
und ausgeholt und warten, daß der Wein
und alles Gift der Tier- und Menschensäfte
sie reize zu vergänglichem Geschäfte.

SW 1. 363

... die Welt ist in die Hände der Menschen gefallen.

BR 14–21. 74

Ich habe mich mit den Zahlen eingelassen, redete er sich zu.
Nun, ich verstehe nichts von Zahlen. Aber es ist klar, daß man
ihnen keine zu große Bedeutung einräumen darf; sie sind
doch sozusagen nur eine Einrichtung von Staats wegen, um
der Ordnung willen. Niemand hatte doch je anderswo als auf
dem Papier eine gesehen. Es war ausgeschlossen, daß ei-

nem zum Beispiel in einer Gesellschaft eine Sieben oder eine Fünfundzwanzig begegnete. Da gab es die einfach nicht. Und dann war da diese kleine Verwechslung vorgefallen, aus purer Zerstreuteit: Zeit und Geld, als ob sich das nicht auseinanderhalten ließe.

SW 6. 868

Nichts legt die Menschen so sehr im Irrtum fest wie die tägliche Wiederholung dieses Irrtums ...

BR 21–26. 150

... Lügen zu hunderten haben Tatsachen zu tausenden in die Welt gesetzt ...

BR 14–21. 74

Ratlosigkeit, Verzweiflung, Unaufrichtigkeit und der zeitgemäße Wunsch, auch noch aus diesen Verhängnissen um jeden Preis Nutzen zuziehen, auch noch aus ihnen: diese falschen Kräfte stoßen die Welt vor sich her ...

Lou 455

Nicht mal die Knöpfe haften mehr so solide, daß man an ihnen etwas abzählen dürfte.

TuT 2. 570

Aber doch, doch: wie hoffnungsvoll ist der Einzelne doch immer wieder, wie wirklich, wie gutgewillt, wie reich, – wenn man dann die wirre trübe Menge sieht, begreift mans nicht, daß er sich in ihr so, gleichsam spurlos, verliert –.

BR 14–21. 217

Wenn arme Leute nachdenken, soll man sie nicht stören. Vielleicht fällt es ihnen doch ein.

SW 6. 712

Aber es muß besser werden. Dies und das andere auch; – und das und jenes …

BR 02–06. 133

… allen denen, über die die Angst gewachsen ist, – warum hilft ihnen niemand in den großen Städten?

Lou 69

Warum gibt es nicht Einen, ders nicht mehr erträgt, nicht mehr ertragen mag, schriee er nur eine Nacht lang mitten in der unwahren, mit Fahnen verhängten Stadt, schriee und ließe sich nicht stillen, wer dürfte ihn deshalb Lügner nennen? Wie viele halten diesen Schrei mit Mühe zurück, – oder nicht? Irr ich mich und gibt es nicht viele, die so schreien könnten, so begreif ich die Menschen nicht und bin keiner und hab nichts nichts mit ihnen gemein.

BR 14–21. 78

Große Stadt mit Aufwand von Geräuschen
rollst du laut und lachend um mich her.
Deine Häuser glänzen, doch sie täuschen
und das Wohnen wird in ihnen schwer.
Wenn in deinen weitbewegten Nächten
eine Stille plötzlich um sich greift
wird es bang, als ob die Häuser dächten
an das Elend, das in ihnen reift.
Diese Stille ist nicht wie das freie
weite Schweigen das auf Wäldern weht;
alles ängstigt sich vor einem Schreie
und der unerhörte Schrei entsteht.
Und er kommt heran die leeren Straßen
und er nährt sich wie (ein) großes Tier
von der Stille, wachsend ohne Maßen
ist er nah, als stiege er aus mir.

Er ist alles, schwingt um alle Dinge
und durch alle Fugen tritt er ein
und die Stadt ist nur ein Ding, geringe
und vergessen, in dem großen Schrein.

SW 3. 767

Und Cézanne, der Alte, wenn man ihm von draußen erzählte,
und er konnte ausbrechen in den stillen Straßen von Aix und
seinen Begleiter anschreien: »Le monde, c'est terrible ...«
Wie an einen Propheten denkt man an ihn, und sehnt sich
nach einem solchen Schreier und Heuler ...

BR 14–21. 56

... lieber zehnmal verhängnisvoll als einmal gleichgültig.

TuT 1. 138

Die Gefahr ist sicherer geworden als die Sicherheit.

SW 6. 830

... wir alle erleben es ja beständig, daß dieses und jenes,
daß fast alles (und zwar an der Wurzel) zu ändern wäre, das
Leben, dieses unendlich reiche, unendlich großmütige, das
grausam nur sein darf, eben auf Grund seiner Unerschöpf-

lichkeit: das Leben, in wievielen Fällen kann es sich überhaupt nicht mehr geltend machen, verdrängt wie es ist, durch lauter sekundäre, in ihrem Bestand träge gewordene Einrichtungen, – wer wünschte da nicht oft einen großen Sturm, der alles Hinderliche und Hinfällige niederrisse …

BR 14–21. 246

…nur durch eine der größten und innersten Erneuerungen, die sie je durchgemacht hat, wird die Welt sich retten und erhalten können.

BR 14–21. 165

… man kann nicht anders als zugeben, daß die Zeit recht hat, wenn sie große Schritte zu machen versucht.

BR 14–21. 209

Wenn die Zeit sich zum Guten wendet, so wird sie uns allen, denk ich, einen außerordentlichen Schwung zum Guten mitgeben, und man wird doch nach so langer Weltkrankheit selbst etwas vom Genesenden haben und so viel Gelegenheit, an Heilungen des Lebens irgendwie mitzuwirken. Aber wenn die Zeit sich nur erst entschlösse!

TuT 2. 501

Unsere Zeit ist nicht vorzüglicher und nicht geringer als eine andere; ich meine nicht sie zu tadeln, sondern nur zu bezeichnen, wenn ich vermute, daß sie die Kräfte, die sich ihr anbieten, nicht zu nutzen weiß: sie verachtet sie und berühmt sich ihrer abwechselnd, statt sie zu gebrauchen. Wie jede Gegenwart ist auch sie eifersüchtig auf die Zukunft, und wo etwas Künftiges aufsteht, da wendet sie, der Reihe nach, zwei Mittel an, es unschädlich zu machen: solange es gelingt, widersetzt sie sich dem Neuen, um es, wenn es doch überdauert, plötzlich wie ein Unmündiges zu adoptieren.

SW 6. 1025 f.

Bei meinem großen Jens Peter Jacobsen, der, wie Sie wissen von Fach Naturwissenschaftler war, las ich gestern ein Detail über die *Paviane*, das hoffentlich ein Bild der jetzigen Kriegslage abgibt: sehr erzürnt, setzten sie sich, statt gleich zu beißen, einander gegenüber und zeigen sich soviel als möglich von ihrem Vorrat Zähne: diese übertriebene Muskelbewegung bringt sie schließlich zum Gähnen und damit ist die Versöhnung von selber da.

TuT 1. 257

Wenn der Mensch doch aufhörte, sich auf die Grausamkeit in der Natur zu berufen, um seine eigene zu entschuldigen!

BR 14–21. 249

Ich will ein Kloster gründen; denn die Zelle
ist ja der dunkle Anfang aller Dinge.
Ich will ein Kloster bauen für Geringe,
die sich nicht brüsten mit der neuen Zeit.
Mit dieser Zeit des Drängens und der Drähte,
mit dieser Zeit der rasenden Geräte,
mit dieser Zeit, die siedet, schäumt und schreit.
Ich will die Hand, die schlichte Dinge täte,
die gerne wieder gätete und säte,
zurückgewinnen für die Ewigkeit.

SW 3. 759

Ist es möglich, daß die ganze Weltgeschichte mißverstanden
worden ist? …
Ja, es ist möglich.

SW 6. 727

KLAGEN WILL GELERNT SEIN

Mein Herz hängt irgendwo im Wind und läutet.

BR 92–04 121

O alter Fluch der Dichter,
die sich beklagen, wo sie sagen sollten,
die immer urteiln über ihr Gefühl
statt es zu bilden; die noch immer meinen,
was traurig ist in ihnen oder froh,
das wüßten sie und dürftens im Gedicht
bedauern oder rühmen. Wie die Kranken
gebrauchen sie die Sprache voller Wehleid,
um zu beschreiben, wo es ihnen wehtut,
statt hart sich in die Worte zu verwandeln,
wie sich der Steinmetz einer Kathedrale
verbissen umsetzt in des Steines Gleichmut.

SW 1. 663

Ach ich alte Kalesche, früher war ich so fein gefedert, und
jetzt – wenn das Wunder mal eine halbe Stunde in mir fährt,
ich wunder mich, daß es nicht aussteigt: ich stoße und rütt-
le wie die ärmste Teljega und geh darüber beinah selbst aus
den Fugen.

Lou 255f.

Im Augenblick habe ich alle Zügel aus den Händen verloren,
die Tage laufen, aber sie gehorchen mir nicht.

BR 02–06. 237

... alle meine Gedanken sind ohne Anfangsbuchstaben.

Lou 192

Nicht zu begreifen: ja, das war meine ganze Beschäftigung diese Jahre, ich kann Ihnen versichern, sie war nicht einfach!

BR 14–21. 292

»Denken« schien mir eine Sache für Halbgötter ...

TuT 2. 829

Mir ist ein bißchen zumut wie einer Rakete, die ins Gebüsch geraten ist, ich puffe und puffe, niemand hat was davon.

TuT 1. 52

Dies alles ist seltsam, nichtwahr, – auch vergeht manchmal eine Viertelstunde damit, daß ich mich wundere.

TuT 1. 100

Was soll einer tun, der vom Leben so wenig begreift, der es sich geschehen lassen muß und erfährt, daß sein eigenes Wollen immer geringer ist, als ein anderer großer Wille in dessen Strom er manchmal gerät wie ein flußabwärts treibendes

Ding? Was soll Einer tun, Lou, dem die Bücher, in denen er lesen möchte, nicht anders aufgehn als schwere Türen, die der nächste Wind wieder ins Schloß wirft?

Lou 80

Ich habe ein Inneres, von dem ich nicht wußte. Alles geht jetzt dorthin. Ich weiß nicht, was dort geschieht.

SW 6. 710f.

Ich krieche den ganzen Tag in den Dickichten meines Lebens herum und schreie wie ein Wilder und klatsche in die Hände –: Sie glauben nicht, was für haarsträubendes Getier da auffliegt.

TuT 1. 85

... ich quäle mich hier wie ein Hund, der einen Dorn im Fuß hat und hinkt und leckt, und bei jedem Auftreten ist er nicht Hund, sondern Dorn, etwas, was er nicht begreift und nicht sein kann.

Lou 347

... ich schäme mich einzugestehn, wie sehr mich oft wo-
chenlang dieser verhängnisvolle Cirkel umtanzt, in dem ein
Elend dem andern jeden Gefallen tut.

Lou 251

... wenn es eine Schande ist, so schäm ich mich eben ...

BR 14–21. 284

... wenn ich denke, wie schwer ich es mit mir habe, wie
arg ich mir zur Beschwerde bin mindestens zwanzigmal am
Tag, – was müßten erst Andere mit mir ausstehen ...

TuT 1. 46

Ich wollte ich wäre fort, meine Mutter ist hier ...

TuT 1. 204

Ach wehe, meine Mutter reißt mich ein.
Da hab ich Stein auf Stein zu mir gelegt,
und stand schon wie ein kleines Haus, um das sich
                    sogar allein. [groß der Tag bewegt,]
Nun kommt die Mutter, kommt und reißt mich ein.

Sie reißt mich ein, indem sie kommt und schaut.
Sie sieht es nicht, daß einer baut.
Sie geht mir mitten durch die Wand von Stein.
Ach wehe, meine Mutter reißt mich ein.

Die Vögel fliegen leichter um mich her.
Die fremden Hunde wissen: das ist *der*.
Nur einzig meine Mutter kennt es nicht,
mein langsam mehr gewordenes Gesicht.

Von ihr zu mir war nie ein warmer Wind.
Sie lebt nicht dorten, wo die Lüfte sind.
Sie liegt in einem hohen Herz-Verschlag
und Christus kommt und wäscht sie jeden Tag.
SW 2. 101f.

Dem Schrecken kommt in mir, wie ich das kenne, eine große
Müdigkeit nach, ein immenses kindisches Schlafbedürfnis,
ich bin, geistig gemeint, nicht der Rede wert, einfach dumm
und gut, es wäre eine Schande wenn es jemand sähe.
TuT 1. 56

Bei mir fängts endlich an, sich zu setzen und zu beruhigen,
in der Wohnung, meine ich. Aber am ersten Tag, da ich mich
zurücklehnte in meinem großen Sorgensessel und mich um-

sah und sagen wollte: »So –«, schaffte sich mein Nachbar ein Clavier an, das möglicherweise töten wird. Es ist fürchterlich, wie der stupide boshafte Zufall hinter mir her ist, in Venedig die Kinder, in Duino die Luft, und hier nun wieder dieses Schaf, das sich amüsieren will.

TuT 1. 284

Ich bin auch so heillos nach außen gekehrt, darum auch zerstreut von allem, nichts ablehnend, meine Sinne gehn, ohne mich zu fragen, zu allem Störenden über, ist da ein Geräusch, so geb ich mich auf und *bin* dieses Geräusch, und da alles einmal auf Reiz Eingestellte, auch gereizt sein will, so will ich im Grunde gestört sein und bins ohne Ende.

Lou 337

Ich schaue in das schwarze Land.
Mein Herz ist nah am Nachtgewand

SW 3. 751

Die Uhren rufen sich schlagend an,
und man sieht der Zeit auf den Grund.
Und unten geht noch ein fremder Mann
und stört einen fremden Hund.

SW 1. 391

122

Ich bin aber ein sehr wehrloser Mensch (weil ich ein sehr banges, verlorenes, wehrloses Kind war), und wenn das Schicksal mich einmal anschreit, dann werde ich immer für lange ganz, ganz still ...

BR 92–04. 300

1892 – 1904

Im Übrigen stürz ich mich nun wieder heute um 1/2 7 in den Trichter der Einsamkeit und will sehen, ob ich Grund finde.

TuT 1. 88

... das Alleinsein stellt zunächst nur eine Art seelischen Gipsverband dar, in dem etwas heilt.

BR 06–07. 117

Ich weiß, man muß nicht ein Pflaster, weil es einmal gut getan hat, das ganze Leben aufgelegt lassen ...

Lou 275

Im Übrigen verlaß ich mich auf die alte Neigung meiner Natur, jeder Einladung zur Gesundheit zu folgen, hilft man ihr nur erst wieder auf den Weg, – sie kommt schon an's Ziel.

TuT 1. 770

Mein Leib, als der in alles Eingeweihte, hat auch immer Prokura gehabt, er durfte, ebenso wie seine Mitverantwortlichen, zeichnen für die ganze »Firma«.

BR 21–26. 230

... sowenig ich zwischen mir und Gott den Priester brauchen kann, sowenig wäre da der Arzt möglich; ich steh körperlich zu meiner Natur, wie seelisch zu Gott unendlich unmittelbar.

TuT 1. 256

Nichts ist beglückender, als wenn man sich wieder wirklich in Gebrauch nehmen kann ...

BR 21–26. 95

Denken Sie, daß ich mindestens zehn Jahre älter bin und mir doch getraue und zumute, jeden Tag beinah wieder ganz von vorne anzufangen, und geb doch die Hoffnung nicht auf, noch einmal so eine Art Mensch zu werden.

TuT 1. 91

Aber wer macht sich neu und zerschlüge sich nicht vorher.

Lou 340

DIE UMWEGE ZUM RUHM

Sieh, ich bin nicht, aber wenn ich wäre,
wäre ich die Mitte im Gedicht;
das Genaue, dem das ungefähre
ungefühlte Leben widerspricht.

SW 2. 224

Der Knabe

Ich möchte einer werden so wie die,
die durch die Nacht mit wilden Pferden fahren,
mit Fackeln, die gleich aufgegangnen Haaren
in ihres Jagens großem Winde wehn.
Vorn möcht ich stehen wie in einem Kahne,
groß und wie eine Fahne aufgerollt.
Dunkel, aber mit einem Helm von Gold,
der unruhig glänzt. Und hinter mir gereiht
zehn Männer aus derselben Dunkelheit
mit Helmen, die, wie meiner, unstät sind,
bald klar wie Glas, bald dunkel, alt und blind.
Und einer steht bei mir und bläst uns Raum
mit der Trompete, welche blitzt und schreit,
und bläst uns eine schwarze Einsamkeit,
durch die wir rasen wie ein rascher Traum:
Die Häuser fallen hinter uns ins Knie,
die Gassen biegen sich uns schief entgegen,
die Plätze weichen aus: wir fassen sie,
und unsre Rosse rauschen wie ein Regen.
SW 1. 386

Du siehst, ich will viel.
SW 1. 261

Ich habe ganz besondere Absichten. Sollte ich im Ausspre-chen derselben manches zu heftig betonen – halten Sie es meiner Jugend zugute …

SW 5. 360

Ich lebe mein Leben in wachsenden Ringen,
die sich über die Dinge ziehn.
Ich werde den letzten vielleicht nicht vollbringen,
aber versuchen will ich ihn.

SW 1. 253

Ich habe es augenblicklich etwas schwer, weil alles zu neu ist. Ich bin ein Anfänger in meinen eigenen Verhältnissen.

SW 6. 775

Doch nun ist die Welt noch nicht über den zweiten Tag hin-aus. Eben beginnt sich erst Meer und Land zu scheiden in mir.

BT 13

Ich bin aber auch ungemein anspruchsvoll.

BR 14–21. 288

Wer weiß, wer ich bin? ich wandle und wandle mich.

BR 21–26. 154

Und doch muß noch etwas aus meinem Leben gemacht werden.

Lou 187

... Sie werden schon die Ordnung durchschauen, wenn überhaupt eine drin ist.

TuT 1. 372

Ich weiß nicht, was ich werde,
was ich zu sein versprach,
ich ahme nur der Erde
ernste Gebärden nach.
Ich habe Sturm und Stille,
Klarheit und Dämmerung;
im Wachsen ist mein Wille
und jung ...

SW 3. 694

Meine ganze Kunst ist von ihrem ersten Tage an gegen Widerstände aufgewachsen ...

BR 92–04. 335

Von dem, was ich für die nächste Zukunft will, läßt sich das meiste nicht aussprechen. Vorerst stehen allerhand sehr kleinliche und häßliche Sorgen praktischen Inhalts breitbeinig mitten im Weg zum Kommenden. Noch weiß ich nicht, was sie tun werden, diese Lümmel, bis ich hart vor ihnen stehe. Ausweichen werden sie, nach ihrer Haltung zu schließen, wohl kaum.

BT 109 f.

Daß doch jemand von uns ein wenig von der Beholfenheit und Findigkeit hätte, die das Geld in denen ausbildet, die mit ihm zu verkehren wissen.

BR 06–07. 279

Ich bin ein schlechter Verdiener, wie alle Unzeitgemäßen!

BR 92–04. 175

Für das Meine gibt mir niemand Brot, und ich weiß, daß ich nicht Kräfte genug habe, um mich zu teilen, in einen, der verdient, und einen, der schafft. Und selbst wenn ich alle Kräfte der Welt hätte, so müßte ich alle Kräfte dem wichtigen in mir geben: es hat ein Recht darauf.

BR 92–04. 334

... ich bin in der Verfassung von einem Ychtiosaurus (*ortographe*?) der in einem Hühnerstall eingesperrt ist ...

TuT 1. 143

Ich weiß, daß ich sterbe, wenn ich mehr als ¾ des Tages in kalten Bureauzimmern Zahlen schreiben soll; ich weiß, daß dann alles, alles zu Ende ist und für immer. Und ich fürchte mich namenlos davor!

BR 92–04. 334

Kommt mein Frühling erst noch?
Ist er schon lange gewesen?
Keine Stimme steht auf und gibt mir Bescheid.
Über Traurigsein, Träumen und Lesen
vergeht meine Zeit.

Steht mir das noch zu tun bevor
was das Leben von mir verlangt

SW 3. 769

... und darin besteht ja vielleicht meine ganze Lebensfreude und Lebensaufgabe: daß ich, wenngleich ganz anfängerhaft, unter denen bin, die das Schöne hören und seine Stimme erkennen, selbst wo sie sich kaum aus den Geräuschen heraushebt; daß ich weiß, daß der liebe Gott uns nicht unter die Dinge gesetzt hat, um auszuwählen, sondern um das Nehmen so gründlich und groß zu betreiben, daß wir schließlich gar nichts anderes als Schönes empfangen können in unserer Liebe, unserer wachen Aufmerksamkeit, unserer gar nicht zu beruhigenden Bewunderung.

BR 06–07. 119   *1892 – 1904*

... denn ich will ja so leben und schaffen, daß das, was mich jetzt, halb Erinnerung und Ahnung halb, umgibt, allmählich sich in den Raum reimt und mich wirklich umstellt, still und sicher wie etwas, was von ewig war und wofür mir nur die Augen erst recht mächtig geworden sind. Verstehen Sie, daß es eine Untreue ist, wenn ich tue, als ob ich anderswo schon ganz erfüllt Herd und Heimat fände? Ich darf noch kein Häuschen haben, darf noch nicht wohnen. Wandern und Warten ist meines.

BR 92–04. 108

Ich habe Geduld für Jahrhunderte in mir und will leben als wäre meine Zeit sehr groß.

Lou 98

132

... was wäre unser métier, wenn es das Herz nicht über die Kleinlichkeit der Zeitzählung hinaushöbe!

BR 21–26. 235

Aus dem hartnäckigen Auf-einem-Fleck-Sitzen kommt ja am sichersten etwas heraus.

BR 06–07. 111

... ich liebe es nicht, was es auch sei, »eilig« zu tun ...

BR 21–26. 318

Tage gehen hin und manchmal höre ich das Leben gehen. Und noch ist nichts geschehn, noch ist nichts Wirkliches um mich; und ich teile mich immer wieder und fließe auseinander, – und möchte doch so gerne in *einem* Bette gehen und groß werden.

Lou 98

Ich glaube, ich müßte anfangen, etwas zu arbeiten, jetzt, da ich sehen lerne. Ich bin achtundzwanzig, und es ist so gut wie nichts geschehen.

SW 6. 723

Es ist eine ungeheure Gewaltsamkeit, etwas anzufangen. Ich kann nicht *anfangen*. Ich springe einfach über das, was Anfang sein müßte, weg. Nichts ist so stark wie das Schweigen. Würden wir nicht schon jeder mitten ins Reden hineingeboren, es wäre nie gebrochen worden.

SW 6. 1111

... meine Sehnsucht, etwas Gutes, etwas wirklich Gutes, zu machen, war nie so groß wie jetzt. Mir ist ja, als hätte ich jahrelang geschlafen oder hätte im untersten Raum eines Schiffes gelegen, das, angefüllt mit schweren Dingen, durch fremde Fernen fuhr – – –

BR 02–06. 142

Es geht mir jetzt damit, wie es mir als Knabe in der Turnstunde ging, – ich nehme einen rasenden Anlauf –, aber ich kann nicht springen.

TuT 2. 540

Aber – – Ach, Ach mehr als je: – ach, ich versuche, ich setze immer wieder einen unschuldigen Konsonanten, ahnungslos, wie er ist, vor diese allzu offene Silbe, ich bilde: Bach, Dach .... das sind Worte, das Ach kommt immer wieder heraus und ist das einzige ganz glaubwürdige.

TuT 1. 196

Überhaupt erscheinen Bücher, was nur Platz hat, fast nur von mir keine, sonst von allen Leuten.

TuT 1. 336

Ich hätte vieles zu sagen auf dem Herzen, aber ich werde mit der Zeit immer mißtrau[er]ischer gegen mich, Monstrum, das im Grunde nie um irgend ein Wesen so tief und quälend und unablässig besorgt gewesen ist wie um sich selbst; darf so ein Scheusal überhaupt über das, was zwischen den Menschen spielt und sich spannt zu Worte kommen?

TuT 1. 79f.

Nur in den (so seltenen) Arbeitstagen werde ich wirklich, bin, nehme Raum ein wie ein Ding, laste, liege, falle, und eine Hand kommt und hebt mich auf. [...] Aber immer wieder, nach solchen Stunden des Eingefügtseins, bin ich der fortgeworfene Stein, der so müßig ist, daß das Gras des Nichtstuns Zeit hat auf ihm lang zu werden. Und daß die Stunden des Fortgeworfenseins nicht seltener werden, sondern nun fast immer dauern, muß mich das nicht bange machen? Wenn ich so liege und zuwachse, wer wird mich finden unter allem was auf mir wächst?

Lou 126

... ich habe mich sooft gefragt, ob nicht gerade die Tage, da wir gezwungen sind, müßig zu sein, diejenigen sind, die wir in tiefster Tätigkeit verbringen? Ob nicht unser Handeln selbst, wenn es später kommt, nur der letzte Nachklang einer großen Bewegung ist, die in untätigen Tagen in uns geschieht? Jedenfalls ist es sehr wichtig, mit Vertrauen müßig zu sein, mit Hingabe, womöglich mit Freude.

BR 02–06. 216

Ich bin die Ruhe zwischen zwei Tönen,
die sich nur schlecht aneinander gewöhnen

SW 1. 264

Denn ich wohne, du weißt es, im Innern,
wo es nicht Greifbares gibt.

SW 2. 234

136

Ich bin ein Garten, und der Frühling schneit.
Und meine Seele weiß von keinem Grunde
und ist ein Teich, hat Wellen, leis und weit.
Von ihrem marmorblanken Brunnenrunde
starrt immer noch in ihre stumme Stunde
der Vogel Einsamkeit.

SW 3. 582

Es tönen Viele. Tönen im Gewirre
und werfen ihre Worte in den Wind;
doch sie frohlocken und sie klagen irre
und reifen nicht, weil sie nicht einsam sind.

SW 3. 771

… meine Arbeit war immer so sehr vom Alleinsein inspiriert …

BR 14–21. 284

Im Grunde muß man sich vor seinen besten Worten zu-
schließen und in die Einsamkeit gehen. Denn das Wort muß
Mensch werden. Das ist das Geheimnis der Welt! …

BR 02–06. 203   *1892 – 1904*

Ich habe Hymnen, die ich schweige.

SW 1. 279

... die meisten Ereignisse sind unsagbar, vollziehen sich in einem Raume, den nie ein Wort betreten hat ...

SCH 514

Ich glaube an alles noch nie Gesagte.

SW 1. 259

Einmal muß ich es mächtig wagen,
weithin sichtbar auszusagen
was im Ahnen kaum geschieht.

SW 3. 699

Leben heißt: blinden Dingen Gesicht sein –
einmal verklärt und einmal verweint.

Für das Unbewegte sich rühren,
für das Wurzelgebundene – gehn,
alles immer Irrende führen
und das Vielzustumme verstehn ...

SW 3. 708

 Zu meinen Versen, zu der Gesundheit der Seele, aus der sie sich erheben, gehört das Land, weite Wege, Barfußgehen

138

im weichen Gras, auf harten Wegen oder im reinen Schnee, tiefes Atemholen, Horchen, Stille und die Andacht weiter Abende.

BR 92–04. 232

1892 – 1904

Das ist es, was wir zu lernen haben, auf gewisse Dinge nicht achtzugeben; zu gesammelt sein, um an sie, an die man nie mit dem ganzen Wesen heran kann, mit irgendeiner empfindlichen Seite zu rühren. Alles nur mit dem ganzen Leben fühlen; dann bleibt viel (zu schmales) ausgeschlossen, aber alles Wichtige kommt vor …

BR 06–07. 200

Um eines Verses willen muß man viele Städte sehen, Menschen und Dinge, man muß die Tiere kennen, man muß fühlen, wie die Vögel fliegen, und die Gebärde wissen, mit welcher die kleinen Blumen sich auftun am Morgen. Man muß zurückdenken können an Wege in unbekannten Gegenden, an unerwartete Begegnungen und an Abschiede, die man lange kommen sah, – an Kindheitstage, die noch unaufgeklärt sind, an die Eltern, die man kränken mußte, wenn sie einem eine Freude brachten und man begriff sie nicht (es war eine Freude für einen anderen –), an Kinderkrankheiten, die so seltsam anheben mit so vielen tiefen und schweren Verwandlungen, an Tage in stillen, verhaltenen Stuben und

an Morgen am Meer, an das Meer überhaupt, an Meere, an
Reisenächte, die hoch dahinrauschten und mit allen Sternen
flogen, – und es ist noch nicht genug, wenn man an alles das
denken darf.

SW 6. 724

Der Panther
Im Jardin des Plantes, Paris

Sein Blick ist vom Vorübergehn der Stäbe
so müd geworden, daß er nichts mehr hält.
Ihm ist, als ob es tausend Stäbe gäbe
und hinter tausend Stäben keine Welt.

Der weiche Gang geschmeidig starker Schritte,
der sich im allerkleinsten Kreise dreht,
ist wie ein Tanz von Kraft um eine Mitte,
in der betäubt ein großer Wille steht.

Nur manchmal schiebt der Vorhang der Pupille
sich lautlos auf –. Dann geht ein Bild hinein,
geht durch der Glieder angespannte Stille –
und hört im Herzen auf zu sein.

SW 1. 505

Ja, alles, was wirklich geschaut wurde, *muß* Gedicht werden!

BT 266

Das Außerordentliche ist immer noch Sache der Gnade …

BR 21–26. 391

Aber so ist es; wenn einmal ein kleines Wunder geschieht […], gleich verliert man alle (in diesem Fall übrigens ziemlich mühsam erworbene) Logik und will nur noch von Wundern leben.

BR 06–07. 274

Bleiben Sie dabei, zu glauben, daß Sie mit Ihrem Gefühl und mit Ihrer Arbeit am *Größten* teilnehmen; je stärker Sie diesen Glauben in sich aufziehen, desto mehr wird Wirklichkeit und Welt von ihm ausgehen.

BR 07–14. 58

Sei du!. Einer sein, als Künstler, heißt: sich sagen können.

SW 5. 66

Und wenn man einen Dichter gefangen hielte, – und ihn nie Feld und Halde, Baum und Blume sehen ließe, seine Phantasie würde rastlos dies alles aus sich selbst schaffen, – und leicht noch schöner als es ist. Der Dichter trägt Welten in sich – und darum ist der Dichter immer reich – und wenn er Hungers stürbe.

SW 5. 286

Und soll ich sagen, wie mein Tag verrollt?

Früh zieh ich durch die strahlenden Viale
zu den Palästen, drin ich wachsend prahle,
und mische mich auf freier Piazzale
ins braune Volk, wo es am tollsten tollt.
Nachmittag bete ich im Bildersaale,
und die Madonnen sind so hell und hold.
Und komm ich später aus der Kathedrale,
ist schon der Abend überm Arnotale,
und ich bin leis und langsam müd und male
mir Gott in Gold …

SW 3. 610

LETZTE DINGE

Gebt uns Lehrer, die uns das Hiesige rühmen.

SW 6. 1127

Indem das Leben nimmt und gibt und nimmt
entstehen wir aus Geben und aus Nehmen:
ein Schwankendes, sich Wandelndes, ein Schemen
und doch in unserer Seele so bestimmt

hindurchzugehn durch dieses Sich-verschieben
unangezweifelt, aufrecht, unbeirrt
von Tag zu Nacht, von Nacht zu Tag getrieben,
aus denen unaufhaltsam Leben wird

von unserm Leben, Blut von unserm Blut,
Lust von der unsern, Leid das wir erkennen,
von dem wir uns auf einmal wieder trennen
weil unsre Seele, einsam, schon geruht

vorauszugehn …

SW 2. 202f.

Dort, wo er aufzuhören scheint, fängt der Mensch wahrscheinlich an, und wo sein sichtbares Leben zu Ende ist, dort
beginnt das Leben seiner Seele, welches das einzig wirkliche Leben ist.

SW 5. 532

... ist es nicht gerade unser Eigenstes, wovon wir am wenigsten wissen? Manchmal denke ich mir, wie der Himmel entstanden ist und der Tod: dadurch, daß wir unser Kostbarstes von uns fortgerückt haben, weil noch so viel anderes zu tun war vorher und weil es bei uns Beschäftigten nicht in Sicherheit war. Nun sind Zeiten darüber vergangen, und wir haben uns an Geringeres gewöhnt. Wir erkennen unser Eigentum nicht mehr und entsetzen uns vor seiner äußersten Großheit. Kann das nicht sein?

SW 6. 862

Glauben! – Es gibt keinen, hätte ich fast gesagt. Es gibt nur – die Liebe. Die Forcierung des Herzens, das und jenes für wahr zu halten, die man gewöhnlich Glauben nennt, hat keinen Sinn. Erst muß man Gott irgendwo finden, ihn erfahren, als so unendlich, so überaus, so ungeheuer vorhanden –, dann sei's Furcht, sei's Staunen, sei's Atemlosigkeit, sei's am Ende – Liebe, *was* man dann zu ihm faßt, darauf kommt es kaum noch an, – aber der Glaube, dieser Zwang zu Gott, hat keinen Platz, wo einer mit der Entdeckung Gottes begonnen hat, in der es dann kein Aufhören mehr gibt, mag man an welcher Stelle immer begonnen haben.

BR 21–26. 65 f.

... auch die Größe der Götter hängt an ihrer Not: daran, daß sie, was man ihnen auch für Gehäuse behüte, nirgends in Sicherheit sind, als in unserem Herzen.

SW 6. 1048

Gott, wie begreif ich deine Stunde,
als du, daß sie im Raum sich runde,
die Stimme vor dich hingestellt;
dir war das Nichts wie eine Wunde,
da kühltest du sie mit der Welt.

Jetzt heilt es leise unter uns.

SW 1. 279

Seit den wunderbaren Schöpfungstagen
schläft der Gott: wir sind sein Schlaf ...

SW 2. 76

Wenn ich sage: Gott, so ist das eine große, nie erlernte Überzeugung in mir. Die ganze Kreatur, kommt mir vor, sagt dieses Wort, ohne Überlegung, wenn auch oft aus tiefer Nachdenklichkeit. Wenn dieser Christus uns dazu geholfen hat, es mit hellerer Stimme, voller, gültiger zu sagen, um so besser, aber laßt ihn doch endlich aus dem Spiel. Zwingt uns nicht immer zu dem Rückfall in die Mühe und Trübsal, die es ihn gekostet hat, uns, wie ihr sagt, zu »erlösen«. Laßt uns endlich dieses Erlöstsein antreten.

SW 6. 1113

Welcher Wahnsinn, uns nach einem Jenseits abzulenken, wo wir hier von Aufgaben und Erwartungen und Zukünften umstellt sind. Welcher Betrug, Bilder hiesigen Entzückens zu entwenden, um sie hinter unserm Rücken an den Himmel zu verkaufen! O es wäre längst Zeit, daß die verarmte Erde alle jene Anleihen wieder einzöge, die man bei ihrer Seligkeit gemacht hat …

SW 6. 1114f.

Der rechte Gebrauch, das ists. Das Hiesige recht in die Hand nehmen, herzlich liebevoll, erstaunend, als unser, vorläufig, Einziges: das ist zugleich, es gewöhnlich zu sagen, die große Gebrauchsanweisung Gottes …

SW 6. 1115

Und hier in jener Liebe, die sie mit einem unerträglichen Ineinander von Verachtung, Begierlichkeit und Neugier die »sinnliche« nennen, hier sind wohl die schlimmsten Wirkungen jener Herabsetzung zu suchen, die das Christentum dem

Irdischen meinte bereiten zu müssen. Hier ist alles Entstellung und Verdrängung, obwohl wir doch aus diesem tiefsten Ereignis hervorgehen und selber wieder in ihm die Mitte unserer Entzückungen besitzen.

SW 6. 1123

Es nützt auch nichts, den Willen zur Fortpflanzung in den Gnadenstrahl zu rücken –, mein Geschlecht ist nicht nur den Nachkommen zugekehrt, es ist das Geheimnis meines eigenen Lebens –, und nur weil es dort, wie es scheint, den mittleren Platz nicht einnehmen soll, haben so viele es an ihren Rand verschoben und darüber das Gleichgewicht verloren.

SW 6. 1124f.

Warum rühmt man es nicht, daß die Kirche stämmig genug war, nicht zusammenzubrechen unter dem Lebensgewicht gewisser Päpste, deren Thron beschwert war mit Bastardkindern, Kurtisanen und Ermordeten.

SW 6. 1116

Und ist es nicht nützlich – wie man es in Furnes, vor Sankt Walpurga kann –, die Erde schon einmal als den Grund des Himmels empfunden zu haben, auf dem die Wracks riesiger Kirchenschiffe liegen, leblos, in hundertjähriger Havarie?

SW 6. 1008

Übrigens müssen Sie wissen, […] ich bin seit Cordoba von einer beinah rabiaten Antichristlichkeit, …

TuT 1. 245

Sie haben aus dem Christlichen ein métier gemacht, eine bürgerliche Beschäftigung …

SW 6. 1114

Religion ist etwas unendlich Einfaches, Einfältiges. Es ist keine Kenntnis, kein Inhalt des Gefühls […], es ist keine Pflicht und kein Verzicht, es ist keine Einschränkung: sondern in der vollkommenen Weite des Weltalls ist es: eine Richtung des Herzens.

BR 21–26. 67

Denn die tiefe Frömmigkeit ist wie ein Regen: sie fällt immer wieder auf die Erde zurück, von der sie ausging, und ist Segen über den Feldern.

SW 5. 519

Kürzer sind die Gebete im Bett. Aber inniger.

SW 1. 244

Ich kann nicht glauben, daß der kleine Tod,
dem wir doch täglich übern Scheitel schauen,
uns eine Sorge bleibt und eine Not.

Ich kann nicht glauben, daß er ernstaft droht;
ich lebe noch, ich habe Zeit zu bauen:
mein Blut ist länger als die Rosen rot.

Mein Sinn ist tiefer als das witzige Spiel
mit unserer Furcht, darin er sich gefällt.
Ich bin die Welt,
aus der er irrend fiel.

SW 1. 275

Und mit einem Entsetzen ohnegleichen ahnte er, daß sein eigener, eingeborener Gott kaum begonnen war; daß er, wenn er jetzt stürbe, nicht lebensfähig sein würde im Jenseits; daß man sich schämen würde für seine rudimentäre Seele und sie in der Ewigkeit verstecken würde wie eine Frühgeburt.

SW 6. 968

Was wirst du tun, Gott, wenn ich sterbe?
Ich bin dein Krug (wenn ich zerscherbe?)
Ich bin dein Trank (wenn ich verderbe?)
Bin dein Gewand und dein Gewerbe,
mit mir verlierst du deinen Sinn.

Nach mir hast du kein Haus, darin
dich Worte, nah und warm, begrüßen.
Es fällt von deinen müden Füßen
die Samtsandale, die ich bin.

Dein großer Mantel läßt dich los.
Dein Blick, den ich mit meiner Wange
warm, wie mit einem Pfühl, empfange,
wird kommen, wird mich suchen, lange –
und legt beim Sonnenuntergange
sich fremden Steinen in den Schoß.

Was wirst du tun, Gott? Ich bin bange.
SW 1. 275f.

O Herr, gib jedem seinen eignen Tod.
Das Sterben, das aus jenem Leben geht,
darin er Liebe hatte, Sinn und Not.
SW 1. 347

... wir gehen immerfort über und über zu den Früheren, zu unserer Herkunft und zu denen, die scheinbar nach uns kommen. In jener größeren »offenen« Welt sind alle, man kann nicht sagen »gleichzeitig«, denn eben der Fortfall der Zeit bedingt, daß sie alle sind. Die Vergänglichkeit stürzt überall in ein tiefes Sein.

BR 21–26. 334

... unsere Aufgabe ist es, diese vorläufige, hinfällige Erde uns so tief, so leidend und leidenschaftlich einzuprägen, daß ihr Wesen in uns »unsichtbar« wieder aufersteht. *Wir sind die Bienen des Unsichtbaren.*

BR 21–26. 335

Wandelt sich rasch auch die Welt
wie Wolkengestalten,
alles Vollendete fällt
heim zum Uralten.

SW 1. 743

... *es gibt weder ein Diesseits noch Jenseits, sondern die große Einheit ...*

BR 21–26. 333

Was wissen wir von den Jahreszeiten der Ewigkeit und ob gerade Erntezeit wäre!

BR 21–26. 283

Unsterblichkeit? Ich glaube, daß nichts, *was wirklich ist, vergehen kann.* Aber ich glaube, daß viele Menschen nicht *wirklich* sind. Viele Menschen und viele Dinge. Aber das ist schwer zu sagen, und ich möchte es vermeiden, zu behaupten, daß ich diese oder jene Meinung teile, weil in jeder solchen fertigen Auffassung etwas Abschließendes liegt, – ich aber nirgends mich abgeschlossen und fertig fühle, sondern lauter Verwandlung bin. Ich möchte für alles das einmal *meinen eigensten* Ausdruck haben und, solange ich den noch nicht finden kann, mich keiner Meinung anschließen, sondern einfach schweigen und sagen: ich weiß nicht.

BR 92–04. 436

Im Übrigen gehört es zu den ursprünglichen Neigungen meiner Anlage, das Geheime *als solches* aufzunehmen, nicht als ein zu Entlarvendes, sondern als das Geheimnis, das *so* bis in sein Innerstes, und überall, geheim ist, wie ein Stück Zucker an jeder Stelle Zucker ist.

BR 21–26. 282f.

Der Schwan

Diese Mühsal, durch noch Ungetanes
schwer und wie gebunden hinzugehn,
gleicht dem ungeschaffnen Gang des Schwanes.

Und das Sterben, dieses Nichtmehrfassen
jenes Grunds, auf dem wir täglich stehn,
seinem ängstlichen Sich-Niederlassen –:

in die Wasser, die ihn sanft empfangen
und die sich, wie glücklich und vergangen,
unter ihm zurückziehn, Flut um Flut;
während er unendlich still und sicher
immer mündiger und königlicher
und gelassener zu ziehn geruht.

SW 1. 510

NACHWORT

Dass ein Dichter sich besonders ernsthafte Gedanken macht über sich und die Welt ist die Regel. Seine Verse erzählen uns davon in Worten, die uns treffen, berühren und bewegen. Die kunstvolle Gedichtform mag faszinieren, aber die Bedeutung eines Dichters bemisst sich auch daran, wie tief uns seine Worte – auch nach Jahrhunderten oder Jahrzehnten – noch betreffen, uns angehen, hilfreich sind.

Dass Rainer Maria Rilke (1875–1926) zu den ganz Großen gehört steht außer Frage. Jeder, der seine Gedichte ›Der Panther‹ oder ›Der Herbsttag‹ oder auch seine ›Duineser Elegien‹ liest, spürt unmittelbar: hier schreibt einer, der vom Leben viel verstanden hat, einer, der weiß, wie wunderbar das Leben ist oder besser gesagt, wie wunderbar es sein könnte; hier schreibt einer, der sich tiefe Gedanken gemacht hat.

Dieser Dichter ist dabei auf Weisheiten gestoßen, die es zu entdecken lohnt. Man findet sie in seinen Gedichten überall; gelegentlich versteckt hinter Bildern, Metaphern und Vergleichen, aber darum nicht weniger wirksam, nur anders gesagt, so vielleicht, dass sich ihr Sinn mehr über das Gefühl erschließt als über den Verstand.

Aber Rilke war nicht nur Dichter sondern auch Prosaschriftsteller, und – was für dieses Buch noch wichtiger ist – er war ein vielgereister Mann mit einem großen Freundes- und Bekanntenkreis. Rilke schrieb massenweise Briefe, und er war auch darin ein Meister: Liebesbriefe, Briefe an seine Frau, an seine Tochter, an Freundinnen und Freunde, an Angebetete und Gönnerinnen, Bittbriefe, Bettelbriefe, Briefe an junge Dichter, die seine Meinung erbaten, an junge Frauen, die ihn um Rat ersuchten, Briefe an Verleger und, und, und … man fragt sich, woher er die Zeit zum Dichten nahm bei all den vielen Briefen.

Sie zu lesen ist indessen alles andere als langweilig; denn abgesehen davon, dass sie uns einen Einblick in sein Privatleben gönnen, sind sie Kommentare zur Kultur- und Zeitgeschichte einer ereignisreichen Epoche, geschrieben von einem intelligenten Menschen, der ›Gott und die Welt‹ kannte. Und sie sind natürlich auch Dokumente, die darüber berichten, was in und um ihn vorging. Das Kleine, Alltägliche kommt dabei ebenso zur Sprache wie die ganz großen Themen. Vor allem, wenn er an Vertraute schreibt – an seine Frau, Clara Westhoff, an die Geliebte, Lou Andreas Salomé, oder an eine Freundin wie Marie von Thurn und Taxis –, lässt er seinen Gedanken freien Lauf, erweist er sich als Freidenker, der in der Lage ist, die Probleme unseres Daseins bis an ihr widersprüchliches Ende zu denken. Er kommt dabei zu überraschenden Ergebnissen, die noch im 21. Jahrhundert verblüffen.

All das ist in einem äußerst unterhaltsamen Stil geschrieben, der ebenso prägnant sein kann wie poetisch, ebenso galant wie voll verliebter Schwärmerei und ebenso pointiert wie treffsicher. Nicht ohne Überraschung nimmt man zur Kenntnis, dass der so ernsthafte und tiefsinnige Rilke einen ausgeprägten Sinn für die Komik des Lebens hatte. Sich lustig zu machen war für ihn ein unerlässlicher Vorgang der seelischen Hygiene; und wenn es irgendwo eine Pointe gab, kann man sicher sein, dass er sie fand. Zeitgenossen, Reiseziele, Nachbarn, widerspenstige Dinge: vor seinem Spott war niemand sicher – am wenigsten er selbst. Rilke beherrschte die »schwerste aller Künste«, nämlich die Kunst, über sich selbst zu lachen.

Das alles macht seine Briefe zu einer Fundgrube, die prall gefüllt ist mit Aphorismen, mit druckreifen Formulierungen, die mehr sind als originelle Sprüche oder bloße Gedankensplitter; sie sind Weisheiten: erlebte Welt, die sinnlich erfahren und emotional durchlitten von einem klugen Geist in Sprache gefasst, in eine Sprache hineingetrieben wurde, die nicht selten Neuland betritt.

Das gilt selbstredend für sein gesamtes Werk, weswegen man in diesem Buch neben den wahrscheinlich eher unbekannten Passagen aus seiner Korrespondenz auch Bekanntes findet: Gedichte aus allen Phasen seines Schaffens, Zitate aus seinem einzigen Roman, aus den Erzählungen und Schriften.

Rilke stellt einen doppelten Glücksfall dar, denn er ist ausgestattet mit einer enormen Sensibilität, die ihm die Welt bis in die feinsten Nuancen zugänglich macht; und er hat auch den Willen und die Zähigkeit, Worte zu finden, für all das, was ihm seine Sinne, seine Gefühle, seine Empathie und auch sein Verstand zutragen. Was er auf diesem – für ihn nicht immer einfachen – Weg über das Leben herausgefunden hat, betrifft uns alle. Jedem, der nicht zufrieden ist, gibt er einen dringenden Rat: »Du mußt dein Leben ändern« – jedem Tag in die Speichen greifen ohne Angst zu scheitern, denn auch das Scheitern ist unser »und Anfang glänzt an allen Bruchstellen unseres Misslingens.« Und wer vertraut, besteht, denn so kompliziert das Leben auch sein mag, letzten Endes ist es wunderbar. Es nimmt und gibt, und es ist reich. Großzügig hält es Schönheit und Freuden für uns bereit, die Liebe, das Lachen, die großen Dinge und die unscheinbaren, und in der Natur ist von der kleinsten Blume bis zum Sternenhimmel alles unser. Denn wir haben unendlich viele Sinne, um den ganzen Reichtum der Welt zu erfahren.« Rilke hat, was das betrifft, noch einen zweiten Rat, der einfach zu befolgen ist: »Vor allem, keine Freude versäumen.« Vielleicht ist das sogar die größte Weisheit überhaupt.

Günter Stolzenberger

QUELLEN- UND ABKÜRZUNGSVERZEICHNIS

SW = Sämtliche Werke in sieben Bänden. Hrsg. vom Rilke-Archiv in Verbindung mit Ruth Sieber-Rilke. Besorgt durch Ernst Zinn. Insel Verlag, Frankfurt am Main 1955–66

BT = Briefe und Tagebücher aus der Frühzeit 1899–1902. Hrsg. von Ruth Sieber-Rilke und Carl Sieber. Insel Verlag, Leipzig 1931

BR = Briefe aus den Jahren 1892–1904. Hrsg. von Ruth Sieber-Rilke und Carl Sieber. Insel Verlag, Leipzig 1939

BR 02–06 = Briefe aus den Jahren 1902–1906. Hrsg. von Ruth Sieber-Rilke und Carl Sieber. Insel Verlag, Leipzig 1930

BR 06–07 = Briefe aus den Jahren 1906–1907. Hrsg. von Ruth Sieber-Rilke und Carl Sieber. Insel Verlag, Leipzig 1930

BR 07–14 = Briefe aus den Jahren 1907–1914. Hrsg. von Ruth Sieber-Rilke und Carl Sieber. Insel Verlag, Leipzig 1933

BR 14–21 = Briefe aus den Jahren 1914–1921. Hrsg. von Ruth Sieber-Rilke und Carl Sieber. Insel Verlag, Leipzig 1937

BR 21–26 = Briefe aus Muzot. 1921–1926. Hrsg. von Ruth Sieber-Rilke und Carl Sieber. Insel Verlag, Leipzig 1935

BRJ = Briefe an eine junge Frau. Insel Verlag, Wiesbaden 1949

TUT = Rainer Maria Rilke und Marie von Thurn und Taxis – Briefwechsel. 2 Bände. Insel Verlag, Frankfurt am Main 1986

LOU = Rainer Maria Rilke und Lou Andreas-Salomé – Briefwechsel. Hrsg. von Ernst Pfeiffer. Insel Verlag, Frankfurt am Main 1975

SCH = Werke in vier Bänden. Band 4. Schriften. Hrsg. von Horst Nalewski. Insel Verlag, Frankfurt am Main und Leipzig 1996